I0411239

DISEÑA Y GESTIONA TU ESTRATEGIA DE NEGOCIOS

Guía Definitiva del Proceso de Gestión de la Estrategia

Ulises Elías

2024

Diseña y Gestiona tu Estrategia de Negocios
Primera Edición

D.R. © 2024, Ulises Elías

librodeestrategia.com

A mi esposa y mis hijas que me motivan todos los días.

Contenido

Prólogo

Durante mi experiencia como consultor de negocios, he calculado aproximadamente que más de dos tercios de las implementaciones de estrategias fracasan, mientras que solo uno de cada cinco líderes revisa la implementación de la estrategia al menos una vez al mes. Además, menos de una de cada diez organizaciones cuentan con un sistema de medición efectivo que les permita hacer seguimiento de la implementación de su estrategia. Estos datos resaltan los desafíos significativos que enfrentan las empresas al ejecutar sus planes estratégicos y la necesidad de establecer procesos de revisión y medición más rigurosos y constantes.

Por esto, me he dedicado a generar esta guía de Gestión de la Estrategia, un recurso integral diseñado para proporcionar una hoja de ruta clara y práctica para el desarrollo, implementación y mantenimiento de una estrategia empresarial efectiva. En un mundo empresarial que se mueve rápidamente y está lleno de incertidumbres, la necesidad de una planeación estratégica sólida y adaptable nunca ha sido más crítica. Esta guía está diseñada para equipar a líderes y equipos de gestión con las herramientas y conocimientos necesarios para navegar el complejo proceso de gestión de la estrategia.

Dirigida a organizaciones que ya cuentan con un equipo directivo establecido, y en especial para aquellas que están en la encrucijada de la expansión y la innovación, y que requieren de una estructura clara para orientar su camino hacia adelante. Es para empresas que reconocen la necesidad de contar con objetivos claros y una estrategia que proporcione dirección, coherencia y un sentido de propósito compartido.

Este guía es el resultado de la experiencia personal en la práctica como consultor y asesor de negocios de distintos tipos e industrias y en la documentación de los mejores escritos sobre estrategia, innovación y desarrollo de empresas. Al recorrer sus páginas, encontrarás una metodología paso a paso para la construcción, implementación y evaluación de una estrategia de negocios robusta.

Desde el desarrollo de iniciativas estratégicas hasta la definición de KPIs (Key Performance Indicators, por su nombre en inglés) desde la estructuración de un equipo de gestión de estrategia hasta la ejecución de Reuniones de Avance Estratégico, cada elemento se ha diseñado para ser relevante, aplicable y transformador.

A lo largo de esta guía, exploraremos los diversos componentes de la gestión de la estrategia, comenzando por la fase fundamental de definir los elementos clave de la estrategia. Esta fase inicial establece las bases para todo el proceso, donde se identifican y se articulan el Reto Estratégico, el Horizonte Estratégico Deseado, el Mercado de Competencia, el Modelo para Ganar, las Capacidades Organizacionales y los Sistemas de Gestión. La claridad y precisión en esta etapa son esenciales para alinear a toda la organización y dirigir sus esfuerzos hacia metas comunes y coherentes.

Posteriormente, nos adentraremos en la medición de la estrategia, un paso crítico que involucra la definición de objetivos e indicadores estratégicos. Aquí, abordaremos cómo traducir los elementos estratégicos en un mapa estratégico y cómo establecer KPIs efectivos que permitan un seguimiento y evaluación claros del progreso hacia los objetivos establecidos.

Luego pasaremos a la implementación de la estrategia es donde los fundamentales de la estrategia y el mapa estratégico se convierten en acción. Discutiremos cómo desarrollar las iniciativas estratégicas y descomponerlas en proyectos y planes de acción específicos, asignando responsabilidades y recursos para garantizar que cada aspecto de la estrategia sea manejable y medible. Además, se destacará la importancia del liderazgo en la ejecución de la estrategia, enfatizando los roles del Director General, del Gestor de la Estrategia y de los dueños de los indicadores.

Una parte crítica de esta guía es la fase de monitoreo y evaluación. Aquí, exploraremos cómo las organizaciones pueden y deben realizar un seguimiento continuo de su estrategia, así como llevar a cabo evaluaciones anuales para medir el rendimiento y determinar la necesidad de ajustes. Además, detallaremos la importancia de la socialización de la estrategia en la empresa, resaltando cómo la gestión de la estrategia debe ser parte de la cultura corporativa y cómo la gestión del cambio es vital para este proceso.

Finalmente, esta guía también aborda los riesgos asociados con la gestión de la estrategia y proporciona recomendaciones sobre actividades de contingencia para mitigar estos riesgos.

En conjunto, la Guía de Gestión de la Estrategia ofrece una visión completa y detallada del proceso de gestión de la estrategia, proporcionando a los líderes empresariales el conocimiento y las herramientas necesarias para tomar decisiones estratégicas informadas y efectivas. Nuestro objetivo es que esta guía sea una referencia valiosa para su viaje estratégico, apoyando a su organización en el camino hacia el éxito y la sostenibilidad a largo plazo.

Por otro lado, si bien esta guía se presenta como un recurso valioso para la gestión estratégica, es fundamental reconocer que su implementación conllevará desafíos únicos para cada empresa, los cuales surgirán a lo largo del camino.

La naturaleza específica de estos retos dependerá de múltiples factores, incluidos la cultura de la organización, su estructura, el mercado en el que opera y su capacidad para adaptarse al cambio.

La manera en que cada empresa afronte y supere estos obstáculos definirá en gran medida el éxito de su implementación estratégica. Será la combinación de una planificación cuidadosa, una ejecución flexible y una gestión del cambio eficaz, alineada con las lecciones y principios contenidos en esta guía, lo que permitirá a las organizaciones navegar por estas complejidades y emergencias fortalecidas y más preparadas para el futuro.

Esta guía no solo es una herramienta, sino un compromiso con la profesionalización e institucionalización de la organización. Es una invitación a repensar la forma en que se dirige y se vive la estrategia en tu empresa, con el fin de no solo responder a los cambios del mercado, sino anticiparlos y capitalizarlos. Con un enfoque en la acción y la responsabilidad, esta guía está pensada para aquellas empresas que están listas para dar el siguiente gran paso en su evolución y para liderar con confianza hacia el futuro.

Bienvenidos al viaje hacia una gestión estratégica efectiva.

Parte Uno:
La Estrategia Empresarial

Qué es estrategia

La estrategia, un término profundamente arraigado en la historia militar, ha encontrado un lugar indispensable en el ámbito de la gestión empresarial. Originalmente utilizada para describir el arte de planear y dirigir operaciones militares, la estrategia en el contexto empresarial se refiere al arte y la ciencia de planificar y dirigir recursos y esfuerzos para alcanzar objetivos específicos y obtener una ventaja competitiva sostenible.

En su esencia, la estrategia empresarial es la respuesta a la pregunta fundamental: ¿Cómo puede una organización, en un entorno competitivo y siempre cambiante, alcanzar y mantener el éxito? Esta pregunta lleva implícita la necesidad de una comprensión profunda del entorno de mercado, la identificación clara de los objetivos a largo plazo y la formulación de planes detallados para alcanzar estos objetivos.

La importancia de la estrategia en los negocios no puede ser subestimada. Funciona como el timón que dirige a la empresa a través de las aguas tumultuosas del mercado global. Una estrategia bien definida y ejecutada proporciona claridad en la toma de decisiones, alinea los recursos y esfuerzos de la organización hacia objetivos comunes y permite a la empresa adaptarse y reaccionar de manera proactiva a los cambios y desafíos del mercado.

Un elemento clave de cualquier estrategia empresarial es la diferenciación. En un mundo donde la competencia es feroz y las opciones abundan, la capacidad de una empresa para diferenciarse – ya sea a través de la innovación, la calidad superior, la experiencia del cliente o la eficiencia en costos – es crucial para establecer una ventaja competitiva. Sin embargo, la diferenciación por sí sola no es suficiente; debe ser sostenible a largo plazo para que la empresa prospere.

En el artículo publicado por la Harvard Business Review "¿Qué es la Estrategia?", escrito por el reconocido estratega Michael E. Porter, explora la distinción a menudo mal entendida entre la eficacia operativa y la estrategia en el contexto de la gestión empresarial.

Porter enfatiza que durante décadas, los gerentes han estado adhiriendo a un nuevo conjunto de reglas, centrados en la productividad, la calidad, la velocidad y la adopción de numerosas herramientas y técnicas de gestión como la gestión de calidad total, el benchmarking, la competencia basada en el tiempo, la externalización, el asociacionismo y la reingeniería. Estos esfuerzos, aunque resultan en mejoras operativas significativas, a menudo no se traducen en rentabilidad sostenible.

Porter expone que el posicionamiento, que alguna vez fue el núcleo de la estrategia, ahora a menudo se descarta como demasiado estático para los mercados de ritmo rápido de hoy y las tecnologías que cambian rápidamente. El problema clave, según Porter, es la falta de diferenciación entre la eficacia operativa y la estrategia. Si bien ambas son esenciales para un rendimiento superior, funcionan de maneras distintas. La eficacia operativa se refiere a realizar actividades similares mejor que los rivales, lo cual es necesario pero no suficiente para una ventaja competitiva sostenible. La estrategia, en cambio, implica realizar actividades diferentes a las de los rivales o realizar actividades similares de maneras diferentes. Esta distinción es crucial para que las empresas logren y mantengan una ventaja competitiva en el mercado.

Por otro lado, Roger Martin, profesor de la Escuela de Negocios de la Universidad de Toronto y autor de libro Playing to Win, define "estrategia" como un conjunto de elecciones específicas que posicionan de manera única a la empresa en su industria para crear una ventaja sostenible y un valor superior en relación con la competencia.

Así como estos ejemplos de autores que han escrito sobre la estrategia empresarial, a lo largo de los años, se han redactado innumerables libros sobre el tema, reflejando la importancia, profundidad y diversidad del tema en el contexto empresarial. Si uno realiza una búsqueda en librerías digitales como Amazon, se encontrará con una vasta cantidad de literatura sobre este tema crucial. Estos libros abarcan desde guías prácticas y estudios de casos hasta teorías avanzadas y enfoques innovadores en estrategia empresarial.

Cada uno ofrece diferentes perspectivas, abordando diversos aspectos como la formulación, implementación, medición y adaptación de estrategias en un espectro de industrias y contextos organizacionales. Esta abundancia de recursos refleja no solo la importancia central de la estrategia en el éxito de las empresas, sino también la evolución constante del pensamiento estratégico en respuesta a los cambiantes desafíos del mundo de los negocios.

Que no es estrategia

En el mundo de la gestión empresarial, el término "estrategia" a menudo se usa también de manera amplia y, a veces, incorrecta. Comprender lo que no constituye una estrategia es tan crucial como entender lo que es. Esta clarificación ayuda a evitar malentendidos comunes y a enfocar los esfuerzos en la dirección correcta.

Primero, la estrategia no es simplemente un plan. Mientras que un plan es una serie de pasos diseñados para alcanzar un objetivo específico, la estrategia va más allá. Se trata de establecer una dirección general, una visión a mediano y largo plazo. Un plan puede ser una parte de la estrategia, pero no es la estrategia en sí. La estrategia involucra la consideración de múltiples caminos y alternativas, y la elección de la mejor ruta basada en el análisis del entorno, las capacidades internas y los objetivos a largo plazo.

La estrategia tampoco es simplemente un objetivo. Los objetivos son los resultados deseados que una empresa espera alcanzar, mientras que la estrategia es el enfoque global para lograr esos objetivos. La confusión entre los dos puede llevar a un enfoque excesivamente estrecho que ignora las necesidades de adaptabilidad y visión a largo plazo que son críticas en la planificación estratégica.

Además, la estrategia no es una táctica. Las tácticas son las acciones o técnicas específicas utilizadas para lograr un objetivo inmediato o a corto plazo. Son los "cómo" en el proceso de ejecución, mientras que la estrategia es el "qué" y el "por qué". Las tácticas pueden cambiar con frecuencia en respuesta a las condiciones del mercado, pero una estrategia sólida permanece constante hasta que se logra el objetivo a largo plazo.

Otro concepto erróneo común es igualar la estrategia con la eficiencia operativa. Si bien la eficiencia en las operaciones es crucial para el éxito empresarial, por sí sola no constituye una estrategia. La eficiencia se trata de hacer mejor las cosas, mientras que la estrategia se trata de hacer las cosas correctas. Una empresa puede ser eficiente operativamente pero aún así fallar si no está siguiendo un camino estratégico que le permita diferenciarse en el mercado y crear valor a largo plazo.

La estrategia tampoco es una reacción a los eventos actuales o una respuesta a una crisis. Aunque la capacidad de responder a las circunstancias cambiantes es un aspecto importante de la gestión empresarial, la estrategia requiere una visión proactiva y a largo plazo. Reactivar o cambiar constantemente la dirección basándose únicamente en eventos actuales puede llevar a una falta de coherencia y a la pérdida de enfoque en los objetivos a largo plazo.

Ejemplos de Empresas y su Estrategia

Veamos algunos ejemplo de empresas reconocidas y la estrategia que han seguido.

Apple Inc.: Estrategia de Innovación y Marca

Apple Inc. es un ejemplo sobresaliente de una empresa con una estrategia exitosa, caracterizada por su enfoque en la innovación, el diseño de productos, y la creación de un ecosistema integrado de productos y servicios. La innovación continua de Apple en tecnología y diseño ha dado lugar a productos icónicos como el iPhone, iPad y MacBook, mientras que su integración perfecta de hardware y software proporciona una experiencia de usuario superior.

La compañía ha creado un ecosistema en el cual todos sus productos y servicios están interconectados, ofreciendo una experiencia fluida y cohesiva a los usuarios. Esto se extiende a servicios propios como iCloud, Apple Music y la App Store, lo que amplía el alcance de Apple más allá del hardware y fortalece la lealtad del cliente.

Apple se distingue por su enfoque en la alta calidad de sus productos, optando por no competir en el segmento de bajo costo y enfocándose en proporcionar una experiencia de usuario excepcional en cada aspecto, desde el diseño del producto hasta el software.

El marketing y el posicionamiento de la marca de Apple son igualmente notables. La empresa ha establecido una marca fuerte asociada con la innovación, la calidad y el diseño de vanguardia. A través de publicidad efectiva y lanzamientos de productos muy esperados, ha mantenido un alto nivel de visibilidad y deseo de marca. La estrategia de precios premium de Apple se enfoca en consumidores dispuestos a pagar más por productos de mejor calidad y un ecosistema robusto.

Además, Apple ha integrado la sostenibilidad en su estrategia, con compromisos en energía renovable y reducción de la huella de carbono, y ha hecho de la privacidad de los datos una parte central de su propuesta de valor, diferenciándose en un mercado donde la recolección de datos es común. Esta estrategia ha resultado en una base de clientes leales, una fuerte presencia de marca, y una posición líder en el mercado en varias categorías de productos, permitiendo a Apple no solo sobrevivir sino también prosperar en un mercado altamente competitivo y en constante cambio.

Starbucks: Estrategia de Experiencia del Cliente y Expansión Global

Starbucks, la cadena multinacional de cafeterías y tostadores de café, es un ejemplo clásico de cómo una empresa puede transformar un commodity, como el café, en una experiencia diferenciada y un estilo de vida. La estrategia de Starbucks se ha centrado en varios elementos fundamentales que han contribuido a su éxito global.

Desde sus inicios, Starbucks no solo vendió café, sino que también ofreció una "experiencia" única. La compañía creó lo que se conoce como el "tercer espacio", un lugar cómodo entre el hogar y el trabajo donde los clientes pueden relajarse, disfrutar de su café y socializar. Esta estrategia de experiencia del cliente es evidente en el diseño acogedor de sus tiendas, la música cuidadosamente seleccionada y el énfasis en un servicio al cliente amigable y personalizado.

Otro pilar de la estrategia de Starbucks es su enfoque en la calidad del producto. La empresa se enorgullece de la calidad de su café, que incluye la selección de granos de alta calidad, tostado artesanal y técnicas innovadoras de preparación de bebidas. Este compromiso con la calidad ayuda a justificar los precios más altos en comparación con otros competidores en el mercado del café.

La expansión global ha sido otra parte esencial de la estrategia de Starbucks. La empresa ha llevado su concepto y productos a numerosos países alrededor del mundo. Sin embargo, en lugar de adoptar un enfoque de "talla única", Starbucks ha mostrado una notable capacidad para adaptar su oferta a las culturas locales, incluyendo menús personalizados y diseños de tiendas que reflejan las tradiciones y gustos locales.

Además, Starbucks ha sido pionera en la implementación de programas de fidelización y tecnología digital. Su programa de fidelización, que ofrece recompensas y conveniencia a través de una aplicación móvil, no solo mejora la experiencia del cliente, sino que también proporciona a la empresa datos valiosos sobre las preferencias y comportamientos de los consumidores.

En términos de responsabilidad social y sostenibilidad, Starbucks también ha tomado medidas significativas. La empresa ha invertido en prácticas de abastecimiento ético para su café, programas de reciclaje, y la reducción de su huella de carbono. Estos esfuerzos no solo mejoran su imagen corporativa, sino que también resuenan con los valores de una base de clientes cada vez más consciente del medio ambiente y socialmente responsable.

La estrategia de Starbucks, que combina una experiencia de cliente única, un enfoque en la calidad del producto, adaptabilidad cultural en su expansión global, innovación en tecnología y fidelización, y un compromiso con la responsabilidad social y sostenibilidad, ha sido fundamental en su evolución de una tienda de café local en Seattle a una marca global icónica. Este enfoque estratégico ha permitido a Starbucks no solo dominar el mercado del café sino también crear una marca distintiva y amada en todo el mundo.

Johnson & Johnson: Estrategia de Diversificación y Compromiso con la Innovación en el Sector Médico

Johnson & Johnson, una de las compañías más grandes y reconocidas en el ámbito de la salud, ofrece un ejemplo destacado de estrategia exitosa en el sector médico. Su enfoque se ha basado en la diversificación de productos y servicios, y un fuerte compromiso con la innovación y la investigación.

Desde sus inicios, Johnson & Johnson ha adoptado una estrategia de diversificación, operando en tres segmentos principales: dispositivos médicos, productos farmacéuticos y productos de consumo. Esta diversificación no solo ha permitido a la empresa mitigar los riesgos asociados con la dependencia de un único segmento del mercado, sino que también le ha brindado múltiples fuentes de ingresos y ha facilitado el aprovechamiento de las sinergias entre diferentes áreas de negocio.

En el segmento de dispositivos médicos, Johnson & Johnson se ha centrado en la innovación y el desarrollo de tecnología de punta, como dispositivos quirúrgicos avanzados y soluciones ortopédicas. En la división farmacéutica, la empresa ha invertido significativamente en investigación y desarrollo (I+D) para crear medicamentos innovadores que abordan necesidades médicas no satisfechas, particularmente en áreas como la oncología, inmunología y neurociencia.

El compromiso de Johnson & Johnson con la innovación y la I+D también se refleja en su enfoque colaborativo. La empresa ha establecido numerosas asociaciones y colaboraciones con instituciones académicas, empresas emergentes en el sector de la salud y otras compañías farmacéuticas, buscando acelerar el desarrollo y la comercialización de soluciones de atención médica innovadoras.

En el segmento de productos de consumo, Johnson & Johnson ha fortalecido su cartera con marcas confiables y bien establecidas, como Neutrogena y Tylenol. La empresa ha enfocado sus esfuerzos en garantizar la calidad y seguridad de estos productos, a la vez que responde a las tendencias de los consumidores hacia opciones más saludables y naturales.

Además de su enfoque en la diversificación y la innovación, Johnson & Johnson ha mantenido un compromiso constante con las prácticas éticas y la responsabilidad social corporativa. La empresa ha liderado iniciativas enfocadas en mejorar el acceso a la atención médica, la sostenibilidad ambiental y el apoyo a comunidades globales, lo que ha reforzado su reputación y confianza entre consumidores y profesionales de la salud.

La estrategia de Johnson & Johnson, basada en la diversificación de su cartera de negocios, un enfoque firme en la innovación y la investigación, colaboraciones estratégicas y un compromiso continuo con la responsabilidad social, ha sido fundamental para su éxito y crecimiento sostenido. Esta estrategia ha permitido a Johnson & Johnson no solo ser un líder en el sector de la salud, sino también adaptarse y responder a los desafíos cambiantes del sector médico global.

La definición de una estrategia sólida ha sido un factor clave en el éxito de empresas destacadas como Apple, Starbucks y Johnson & Johnson, demostrando cómo un diseño de estrategia bien pensada y ejecutada puede llevar a una organización a la cima de su industria. Apple, con su enfoque en la innovación y la experiencia del usuario, transformó el mercado tecnológico, mientras que Starbucks redefinió la experiencia del café, creando un "tercer espacio" que fomentó la lealtad de los clientes y un fuerte reconocimiento de marca. Por otro lado, Johnson & Johnson, con su estrategia de diversificación y compromiso con la innovación y la responsabilidad social, se ha consolidado como un gigante en el sector de la salud.

Estos casos ilustran cómo la adopción de estrategias que se alinean con los valores de la empresa, satisfacen las necesidades del mercado y se adaptan a las condiciones cambiantes, puede crear un camino sostenible hacia el crecimiento y el liderazgo en el mercado.

La habilidad de estas empresas para identificar y capitalizar sus fortalezas únicas, adaptarse a las demandas del mercado y mantenerse fieles a sus objetivos centrales ha sido fundamental para su notable éxito y longevidad.

La importancia de que la empresa cuente con su estrategia

La importancia de contar con una **estrategia empresarial definida**, documentada, implementada y monitoreada radica en su capacidad para proporcionar dirección, cohesión y un marco para la toma de decisiones en un entorno empresarial que es a menudo incierto y altamente competitivo. Una estrategia claramente definida actúa como una brújula que guía a la empresa hacia sus objetivos a largo plazo, asegurando que todos los esfuerzos estén alineados con la visión y misión de la organización. La definición de la estrategia permite a la empresa establecer prioridades, enfocar recursos y energías donde más se necesitan, y diferenciarse de sus competidores.

La **documentación de la estrategia** es crucial para mantener la coherencia y la claridad. Proporciona un registro tangible de los planes y objetivos estratégicos, asegurando que todos los miembros de la organización comprendan la dirección y el enfoque de la empresa. Esto es especialmente importante en grandes organizaciones donde la comunicación y la coherencia en los diferentes niveles y departamentos pueden ser un desafío.

La **implementación de la estrategia** es el paso donde muchas organizaciones enfrentan dificultades. Una estrategia, por más bien diseñada que esté, no tiene valor si no se pone en práctica eficazmente. Una implementación efectiva de la estrategia requiere de la asignación adecuada de recursos, la gestión del cambio organizacional y el compromiso de todos los niveles de la empresa. Sin una implementación efectiva, incluso las estrategias más innovadoras y bien planificadas pueden fallar.

El **monitoreo de la estrategia** es igualmente crítico. Permite a la empresa medir el progreso hacia sus objetivos y hacer ajustes cuando sea necesario. En un entorno empresarial en constante cambio, la capacidad de responder y adaptarse rápidamente a nuevos desafíos y oportunidades puede ser la diferencia entre el éxito y el fracaso.

El monitoreo regular y la revisión de la estrategia aseguran que la empresa permanezca relevante y pueda navegar eficazmente por los cambios en el mercado y en el entorno operativo.

Asi que una estrategia empresarial definida, documentada, implementada y monitoreada es esencial para el éxito y la sostenibilidad de cualquier organización. Proporciona una hoja de ruta clara para el futuro, garantiza la coherencia y la alineación en toda la organización, facilita la implementación efectiva de planes y permite la adaptabilidad y la capacidad de respuesta ante los cambios del mercado. Las empresas que adoptan este enfoque integral hacia la gestión estratégica están mejor equipadas para alcanzar sus objetivos, superar a la competencia y lograr un crecimiento sostenible a largo plazo.

Otro aspecto de importancia de la estrategia, es que da formalidad e institucionaliza la gobernanza de la organización, permitiendo así tener niveles de responsabilidad y rendición de cuentas de los directivos y actores clave. No puede haber gobernanza sin estrategia, ni puede haber estrategia sin gobernanza. Es una dupla necesaria en cualquier organización por muy pequeña que esta sea.

Implementar un sistema de gestión de la estrategia requiere esfuerzos significativos en gestión del cambio (change management) para asegurar que la organización se adapte efectivamente a estas nuevas formas de trabajar. El cambio debe ser gestionado de manera cuidadosa y deliberada, asegurando que todos los miembros de la organización entiendan la importancia de la estrategia, su rol dentro de ella y cómo sus acciones contribuyen al éxito general de la empresa. Este proceso de cambio no solo implica ajustes operativos, sino también, en muchos casos, un cambio en la cultura y mentalidad organizacional. Este aspecto no se debe dejar de lado, ya que gran parte de la implementación de la estrategia requiere de implementar una nueva forma de gestionar la empresa con base en la estrategia.

Madurez Estratégica

La madurez estratégica de una empresa es un indicador crítico de su capacidad para desarrollar y ejecutar su estrategia de negocios de manera efectiva. Esta madurez no solo refleja la claridad y la coherencia de la estrategia de una organización, sino también la robustez y la integración de sus sistemas de gestión. Al entender los distintos niveles de madurez estratégica, la empresa puede identificar su posición actual, reconocer los desafíos inherentes a cada etapa y planificar proactivamente el desarrollo hacia una gestión más sofisticada y estratégica.

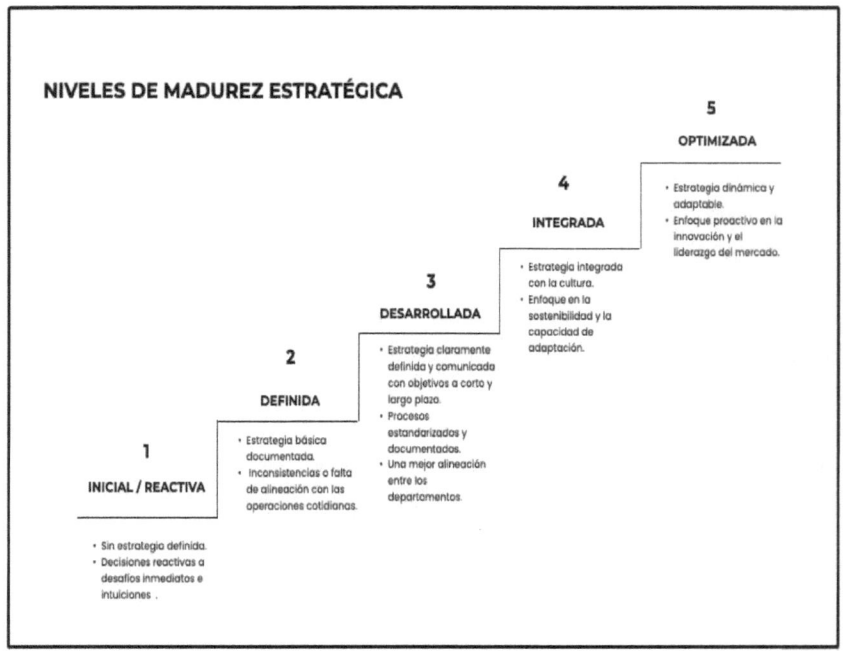

Nivel 1: Inicial/Reactiva

En este nivel, las empresas a menudo carecen de una estrategia definida y sus decisiones se basan en reacciones a desafíos inmediatos o en intuiciones no estructuradas. Es comén que el dueño del negocio menciona que sí tiene una estrategia, pero la lleva únicamente en su cabeza.

La gestión se caracteriza por procesos desorganizados y una dependencia excesiva de ciertos actores para la toma de decisiones. El reto principal aquí es crear una conciencia de la necesidad de una estrategia y comenzar a establecer procesos básicos para una toma de decisiones más informada.

Nivel 2: Definida

Las organizaciones en este nivel han comenzado a formular una estrategia básica y tenerla documentada. Sin embargo, pueden enfrentarse a inconsistencias o falta de alineación con las operaciones cotidianas. La gestión es más estructurada, aunque aún prevalecen los silos funcionales. El reto en este nivel es romper esos silos y alinear la estrategia emergente con las operaciones y métricas del negocio.

Nivel 3: Desarrollada

Aquí, la estrategia está claramente definida y comunicada con objetivos a corto y largo plazo. Los procesos son estandarizados y documentados, y existe una mejor alineación entre los departamentos. El desafío para avanzar al siguiente nivel es integrar plenamente la estrategia con la cultura organizacional y mejorar la colaboración entre los departamentos. Empieza la evaluación por desempeño de las posiciones clave de la empresa.

Nivel 4: Integrada

Las empresas en este nivel tienen una estrategia que está integrada con su cultura, con un enfoque en la sostenibilidad y la capacidad de adaptación. Los procesos y sistemas son altamente integrados. Por lo regular, ya tienen años utilizando un sistema de gestión estratégica para la toma de decisiones y es el estándar de cómo gestionar la empresa. Han adaptado bien la estrategia dentro de la gobernanza. El reto aquí es utilizar análisis avanzados para informar la toma de decisiones y mantener la colaboración interdepartamental para sostener la innovación.

Nivel 5: Optimizada

Las organizaciones en el nivel más alto de madurez estratégica poseen una estrategia dinámica y adaptable, con un enfoque proactivo en la innovación y el liderazgo del mercado.

La gestión y operaciones son mejoradas continuamente a través del aprendizaje organizacional. El desafío en este nivel es mantener la capacidad de predecir y responder a los cambios del mercado y tecnológicos, preservando la posición de liderazgo.

Reconocer el nivel de madurez estratégica de su empresa es uno de los primeros pasos en el diseño de la estrategia y sus sistema de gestión, y así buscar el logro de una ejecución estratégica que no solo responda a las condiciones actuales, sino que también moldee activamente el futuro de su empresa. Cada nivel ofrece sus propias oportunidades y desafíos únicos. Las preguntas que debemos hacernos son: ¿Cuáles son los obstáculos que les impiden avanzar al siguiente nivel de madurez estratégica? ¿Qué prácticas pueden adoptar para superar estas barreras? El entendimiento profundo de su posición actual es un paso esencial

Herramientas Metodológicas para Complementar el Diseño de la Estrategia

En la construcción de una estrategia de negocios sólida, existen diversas herramientas metodológicas que sirven como complementos fundamentales en el diseño y refinamiento del enfoque estratégico. Estas herramientas proporcionan estructuras de trabajo y perspectivas que ayudan a las organizaciones a comprender mejor su entorno, a identificar oportunidades y a construir ventajas competitivas sostenibles. A continuación, se describe una selección de estas herramientas:

- 10 Elementos de Encanto al Cliente (10 Elements of Customer Delight): Son principios centrados en superar las expectativas de los clientes para ofrecer experiencias memorables y positivas.
- 3 Horizontes de Estrategia (3 Strategy Horizons): Es un modelo que divide la planificación estratégica en tres 'horizontes' temporales para equilibrar las iniciativas a corto, medio y largo plazo.
- 4 Palancas de Control (4 Levers of Control): Es un marco que propone cuatro sistemas para ayudar a los gerentes a equilibrar la creatividad y la restricción en la gestión estratégica.
- 4 Problemas en Reorganizaciones (4 Problems in Reorganizations): es la identificación y solución de desafíos comunes que surgen durante los procesos de reestructuración organizativa.

- 8 Dimensiones de la Gestión Estratégica (8 Dimensions of Strategic Management): Se base en aspectos clave que deben ser considerados para una gestión estratégica efectiva.
- Modelo de Experiencia Continua al Cliente de Accenture (Accenture Nonstop-Customer Experience Model): Es un enfoque para crear experiencias de cliente consistentes y de alta calidad en todos los puntos de contacto.
- Enfoques de Integración de Adquisiciones (Acquisition Integration Approaches): Son estrategias para integrar eficazmente las adquisiciones empresariales y maximizar su valor.
- Curva de Experiencia del BCG (BCG Experience Curve): Es un concepto que explica cómo el aumento de la experiencia en la producción puede reducir los costos.
- Marco de Transformación del BCG (BCG Transformation Framework): Es un conjunto de principios para guiar a las empresas a través de transformaciones organizativas y estratégicas.
- Valorador de Activos de Marca (Brand Asset Valuator):Es la herramienta para evaluar la fuerza y el valor de una marca basada en varios indicadores.
- Ciclo de Vida del Desarrollo de Marca (Brand Development Lifecycle): Son las etapas por las que pasa una marca desde su creación hasta su establecimiento en el mercado.
- Pentagrama de Branding (Branding Pentagram): Es un modelo para comprender y desarrollar la identidad y estrategia de marca.
- Marco de Valores Competitivos (Competing Values Framework): Es el modelo que identifica cuatro tipos de culturas organizativas y cómo estas influyen en la estrategia empresarial.
- Modelo para Ganar Central (Core Competence Model): Este define las competencias únicas que una empresa debe desarrollar para lograr una ventaja competitiva sostenible.
- Fórmula de Segmentación de Clientes (Customer Segmentation Formula): Son metodologías para dividir la base de clientes en grupos según diferentes criterios para un marketing más efectivo.
- Metodologías de Segmentación de Clientes (Customer Segmentation Methodologies): Son técnicas para identificar distintos segmentos de mercado basados en necesidades, comportamientos y otras características.

- Dimensiones del Diseño de Servicio (Dimensions of Service Design): Son los aspectos que deben considerarse en el diseño de servicios para mejorar la experiencia del cliente.
- Innovación Disruptiva (Disruptive Innovation): Son innovaciones que crean nuevos mercados y desplazan tecnologías existentes, alterando la industria.
- Capacidades Distintivas (Distinctive Capabilities): Son atributos únicos que permiten a una empresa proporcionar valor a sus clientes de manera que sus competidores no pueden imitar o igualar fácilmente.
- Cuatro Enfoques para la Ambidestreza (Four Approaches to Ambidexterity): Son estrategias para que las empresas sean eficientes en sus operaciones actuales mientras exploran innovaciones para el crecimiento futuro.
- Modelo de Crecimiento de Greiner (Greiner Growth Model): Es una progresión de las fases de crecimiento por las que pasa una empresa a lo largo del tiempo y los desafíos de gestión asociados.
- Modelo de Satisfacción del Cliente de Kano (Kano Customer Satisfaction Model): Es un enfoque para clasificar las preferencias y expectativas de los clientes y su impacto en la satisfacción.
- Modelo de Satisfacción del Cliente de Kano (Kano Customer Satisfaction Model): Es un enfoque para clasificar las preferencias y expectativas de los clientes y su impacto en la satisfacción.
- Modelo de Satisfacción del Cliente de Kano (Kano Customer Satisfaction Model): Es un enfoque para clasificar las preferencias y expectativas de los clientes y su impacto en la satisfacción.
- Modelo Kepner-Tregoe (Kepner-Tregoe Model): Son técnicas para la toma de decisiones y la solución de problemas en la gestión.
- Modelo de Estrategia McKinsey 7-S (McKinsey 7-S Strategy Model): Es un marco para analizar y mejorar la efectividad organizativa a través de siete elementos interdependientes.
- Viaje de Decisión del Cliente de McKinsey (McKinsey Customer Decision Journey): Es un enfoque para entender y diseñar la experiencia del cliente a lo largo de todo el proceso de compra y post-compra.
- Cinco Fuerzas de Porter (Porter's Five Forces): Es un marco para analizar la competencia dentro de una industria y la estrategia de negocios.

- Paleta de Estrategia (Strategy Palette): Es un conjunto de enfoques para formular estrategias en diferentes entornos y contextos empresariales.
- Estructura-Conducta-Rendimiento (Structure-Conduct-Performance): Es un modelo que examina cómo la estructura del mercado influye en la conducta de las empresas y su rendimiento.
- Trayectorias de Transformación (Transformation Trajectories): Son caminos que las empresas pueden seguir al realizar cambios estratégicos y organizativos.
- Diferenciación de Valor (Value Differentiation): Son estrategias para diferenciar los productos o servicios de una empresa, creando un valor único para los clientes.
- Brecha de Percepción de Valor (Value Perception Gap): Es la diferencia entre el valor que los clientes perciben y el que las empresas creen que están proporcionando.
- Innovación del Modelo de Negocio (Business Model Innovation): Son procesos para reinventar el modelo de negocio de una empresa para crear nuevas fuentes de valor y ventajas competitivas.

Estas herramientas y metodologías son elementos esenciales en el arsenal de cualquier estratega. Proporcionan marcos conceptuales para analizar el entorno empresarial, formular estrategias y evaluar el impacto de las decisiones estratégicas. Al integrar estas herramientas en el proceso de diseño de estrategia, las empresas pueden desarrollar enfoques más sólidos y coherentes que estén mejor alineados con sus objetivos y las dinámicas del mercado.

No esta dentro del objetivo abordar estas metodologías dentro de esta guía, sin embargo exhortamos al lector a documentarse y dominar algunas de estas herramientas, ya que facilitan parte del proceso de diseño de la estrategia. Su uso y aplicación dependen de cada caso y circunstancia, y el gestor de la estrategia es quien debe determinar en que momento sería relevante su implementación.

La Gestión de la Estrategia

La gestión de la estrategia en las empresas es un proceso integral y dinámico que determina la dirección y el éxito a largo plazo de una organización. Integra la formulación de una visión clara y una misión que definen el propósito fundamental de la empresa y establecen las metas a alcanzar. Este paso crucial establece el tono y la dirección para todas las actividades estratégicas futuras. Se debe contemplar el análisis estratégico, donde las empresas evalúan tanto su entorno interno como externo. Herramientas como el análisis FODA y PESTEL se utilizan para comprender las fortalezas, debilidades, oportunidades y amenazas, así como los factores políticos, económicos, sociales, tecnológicos, legales y ambientales que pueden influir en la organización.

Con base en esta evaluación, se desarrolla la estrategia, donde se toman decisiones críticas sobre cómo la empresa se posicionará en el mercado para obtener una ventaja competitiva. Esto implica decidir en qué segmentos del mercado enfocarse, qué productos o servicios ofrecer y cómo diferenciarse de los competidores. La estrategia debe alinearse con los valores y capacidades de la empresa, garantizando que sea tanto realista como sostenible. Veremos más adelante un método que he utilizado con más de 300 organizaciones, y les ha permitido tener una estrategia clara y que define el rumbo para todos sus equipos.

La implementación de la estrategia es quizás el aspecto más desafiante. Requiere traducir los planes estratégicos en acciones operativas, lo que a menudo implica cambios en la estructura organizativa, la cultura empresarial, y la asignación de recursos.

La gestión efectiva del cambio es crucial durante esta etapa para garantizar que el personal se adapte y se comprometa con la nueva dirección estratégica. La comunicación efectiva, el liderazgo fuerte y la implicación de los empleados en el proceso son fundamentales para una implementación exitosa.

Una vez implementada la estrategia, es vital monitorizar y evaluar su efectividad. Esto se logra a través del seguimiento de indicadores clave de rendimiento (KPIs) y la realización de revisiones estratégicas regulares. Estas evaluaciones permiten a las empresas medir su progreso hacia los objetivos estratégicos y realizar ajustes si las condiciones del mercado o los objetivos internos cambian.

La gestión de la estrategia es un proceso continuo y cíclico que requiere ajustes y reevaluaciones constantes. En un entorno empresarial que cambia rápidamente, la capacidad de una empresa para adaptar y evolucionar su estrategia es tan importante como la estrategia inicial en sí. Las empresas exitosas son aquellas que no solo crean estrategias sólidas, sino que también gestionan y adaptan estas estrategias de manera efectiva en respuesta a los nuevos desafíos y oportunidades.

Este es un proceso complejo y multifacético que abarca desde la planificación y formulación inicial hasta la implementación y evaluación continua. Requiere una comprensión profunda del entorno empresarial, una clara alineación con los objetivos de la empresa y una ejecución efectiva.

La capacidad de una organización para gestionar su estrategia de manera eficiente determina en gran medida su capacidad para lograr el éxito y mantener su relevancia en un mercado competitivo y en constante evolución.

El Comité de Estrategia

El diseño de la estrategia en una empresa debe ser una tarea colaborativa y multidisciplinaria, idealmente llevada a cabo por un comité de estrategia compuesto por diversos actores clave de la organización. Este comité debe incluir a miembros del consejo de administración, directivos de alto nivel y, en ocasiones, expertos externos que aporten perspectivas frescas y especializadas. Es especialmente importante incluir en este grupo a aquellos individuos que ocupan puestos estratégicos dentro de la empresa, los cuales es muy probable que terminen siendo los dueños o líderes de los indicadores clave del desempeño (KPIs).

Su participación es crucial, ya que tienen un conocimiento profundo de las operaciones diarias y de los desafíos y oportunidades específicos de la empresa. Al integrar a estos actores en el proceso de formulación de la estrategia, la empresa asegura que la estrategia sea realista, implementable y estrechamente alineada con sus capacidades y metas a largo plazo. Además, su involucramiento desde el principio fomenta el compromiso y la responsabilidad en la ejecución de la estrategia, factores clave para su éxito.

Roles en la Gestión de la Estrategia

La gestión de la estrategia involucra distintos roles, cada uno con responsabilidades y funciones específicas que son cruciales para el éxito de la estrategia. Estos roles trabajan en conjunto para asegurar que la estrategia sea implementada, monitoreada y ajustada según sea necesario.

Director General de la Empresa

El Director General de la empresa es el líder máximo de la estrategia. Este rol implica no solo la aprobación final de la estrategia, sino también el liderazgo activo y la promoción de la visión y dirección estratégica en toda la organización. El Director General debe asegurarse de que la estrategia se comunique claramente a todos los niveles de la empresa y que esté integrada en las operaciones diarias.

Este líder proporciona los recursos necesarios, elimina obstáculos y asegura que la estrategia se mantenga como una prioridad en la agenda de la empresa.

Gestor de la Estrategia

El Gestor de la Estrategia actúa como el coordinador central de todos los esfuerzos estratégicos. Es responsable de organizar y facilitar las Reuniones de Avance de la Estrategia (RAE), preparar las agendas, recopilar y sintetizar datos de rendimiento y asegurar que todos los elementos de la estrategia se estén ejecutando de acuerdo con el plan. Este rol implica una comunicación constante con los dueños o líderes de los indicadores, así como con el director general, para mantener la alineación estratégica en toda la organización. El Gestor de la Estrategia es fundamental para el seguimiento continuo y la retroalimentación, proporcionando una visión general del progreso hacia los objetivos estratégicos.

Dueño o Líder de Indicador de la Estrategia

El dueño o líder de un indicador de la estrategia es el responsable de un KPI específico. Esta persona tiene la autoridad y responsabilidad de tomar decisiones y acciones que afectan directamente el resultado de ese indicador.

El líder de indicador trabaja para impulsar las iniciativas y proyectos relacionados con su KPI, asegurándose de que se estén progresando y alineando con la estrategia general. Además, el líder de indicador se comunica frecuentemente con el Gestor de la Estrategia para informar sobre el rendimiento y discutir cualquier desafío o desviación de las metas establecidas.

Reportero de Indicador

El reportero de indicador es quien tiene la tarea de recopilar los datos y la información necesaria para evaluar el progreso del KPI. Esta persona a menudo trabaja en estrecha colaboración con el líder de indicador para garantizar que la información sea precisa, oportuna y relevante. El reportero de indicador juega un papel vital en el proceso de monitoreo, ya que proporciona los datos que permiten un análisis profundo durante las RAE y otras reuniones de seguimiento estratégico.

La interacción entre estos roles es fundamental para el éxito de la estrategia. El Gestor de la Estrategia proporciona la estructura y el seguimiento; los dueños o líderes de indicador y los reporteros aseguran la ejecución y el monitoreo; y el Director General garantiza el compromiso y la alineación estratégica. Juntos, estos roles forman la estructura que permite a la empresa moverse hacia sus objetivos estratégicos de manera cohesiva y coordinada. La colaboración y la comunicación entre estos distintos actores son esenciales para adaptar la estrategia en respuesta a los cambios internos y externos, y para capitalizar las oportunidades que surjan en el camino hacia el logro de la visión de la empresa.

Consultores Expertos Externos

Incluir el apoyo de un consultor experto en el proceso de planeación estratégica puede ser enormemente beneficioso para las empresas, independientemente de si cuentan con un área de planeación interna. Un consultor externo aporta una visión objetiva y fresca, desprovista de las posibles influencias y prejuicios internos que podrían afectar las decisiones estratégicas. Su experiencia en el diseño de estrategias y el manejo de grupos asegura que el proceso de planeación no solo sea integral y bien fundamentado, sino también eficiente y focalizado.

Los consultores expertos suelen poseer habilidades avanzadas en facilitar dinámicas de grupo, lo que puede hacer que las sesiones de estrategia sean más productivas y ágiles, fomentando una mayor participación y generación de ideas. Esto es particularmente valioso en situaciones donde el consenso y la colaboración entre diferentes departamentos y niveles jerárquicos son cruciales. Además, su conocimiento y experiencia en prácticas y tendencias de la industria pueden ofrecer perspectivas innovadoras y soluciones probadas a desafíos complejos. Por tanto, el apoyo de un consultor externo no solo enriquece el proceso de planeación estratégica, sino que también facilita la alineación y el compromiso en toda la organización hacia los objetivos estratégicos definidos.

Sesiones de Estrategia

Las sesiones para diseñar la estrategia de una empresa son cruciales y pueden variar considerablemente en enfoque y duración, dependiendo de las preferencias y necesidades específicas de cada organización. Algunas empresas optan por un proceso largo y detallado, donde se analizan minuciosamente todos los aspectos, mientras que otras prefieren un enfoque más rápido y ágil para adaptarse a entornos cambiantes y tomar decisiones oportunas.

Por lo general, las sesiones iniciales suelen ser más intensivas en análisis de información, discusión y exposición, enfocándose en definir los fundamentales de la estrategia, como el Reto Estratégico, el Horizonte Estratégico Deseado, el Mercado de Competencia, el Modelo para Ganar, las Capacidades Organizacionales y los Sistemas de Gestión. Estas sesiones requieren una comprensión profunda del entorno de negocio actual y proyecciones para el futuro.

En contraste, las sesiones dedicadas a definir los indicadores y, específicamente, las metas, pueden tomar más tiempo. Esto se debe a que a menudo requieren un análisis detallado de información que puede no estar disponible al inicio del proceso de planeación. Establecer metas realistas y medibles para cada KPI es un proceso que demanda precisión y una comprensión detallada de la capacidad operativa y estratégica de la empresa.

Una recomendación efectiva para muchas organizaciones es destinar al menos un día y medio para las sesiones intensivas de la fase 1 de fundamentales de la estrategia, seguido de otro día y medio para la parte de medición, contemplando que pudieran haber sesiones individuales con dueños o líderes de indicadores dias posteriores para afinar metas y demás atributos.

Este enfoque permite una inmersión profunda en cada fase, asegurando que todos los aspectos sean considerados y discutidos exhaustivamente. Es importante destacar que antes de estas sesiones, se deben realizar entrevistas y recopilaciones de información necesarias para informar y enriquecer las discusiones. Este enfoque estructurado y bien preparado es fundamental para desarrollar una estrategia empresarial coherente, integral y ejecutable.

Para las organizaciones que ya han realizado procesos de planeación previamente y utilizan a la estrategia como su dirección empresarial, por lo regular suelen tener sesiones más cortas y agilidad.

Visión del Presidente del Consejo y del Director General

Antes de iniciar cualquier sesión de estrategia, es fundamental contar con la visión y perspectivas del presidente del consejo (en caso de que existe dicha figura) y del director general de la empresa. Estos líderes desempeñan roles clave en la definición de la dirección y los valores fundamentales de la organización, y su visión proporciona un marco crucial para cualquier plan estratégico. Su comprensión profunda de los objetivos a largo plazo de la empresa, los desafíos y oportunidades del mercado, y las expectativas de los stakeholders, guía el proceso de planificación y asegura que la estrategia esté alineada con la misión y visión globales de la empresa. Además, su involucramiento desde el principio fomenta un sentido de propiedad y compromiso con la estrategia a lo largo de la organización. Al tener a estos líderes participando activamente y compartiendo sus ideas y expectativas, se establece un tono de colaboración y dirección estratégica clara, lo que es esencial para el éxito de las sesiones de planificación estratégica y la implementación efectiva de la estrategia.

Principales Retos en la Gestión de la Estrategia

Implementar la gestión estratégica de una empresa es un viaje que abarca desde el diseño inicial de la estrategia hasta su ejecución y evaluación, y está lleno de retos que ponen a prueba la capacidad de una organización para adaptarse y prosperar. El primer desafío surge en la etapa de diseño, donde es fundamental alinear la visión de consejeros, directivos y colaboradores de la empresa con objetivos prácticos y alcanzables, un proceso que requiere tanto perspicacia creativa como análisis riguroso. Aquí, las empresas a menudo luchan por equilibrar las ambiciones a largo plazo con las capacidades y recursos actuales, lo que puede dar lugar a estrategias que son o bien irrealizables o carentes de la audacia necesaria para impulsar un cambio significativo.

Una vez establecida la estrategia, el siguiente reto es la comunicación eficaz de esta visión a través de todos los niveles de la organización. La resistencia al cambio, tanto cultural como operativa, puede ser un obstáculo importante, especialmente en organizaciones arraigadas en prácticas tradicionales. La gestión del cambio se convierte en un ejercicio crítico para asegurar la adquisición de la nueva dirección estratégica y para fomentar una cultura que no solo acepte, sino que abrace el cambio como una constante.

La ejecución de la estrategia trae consigo su propio conjunto de desafíos, ya que la teoría choca con la realidad operativa. Asegurar que las iniciativas estratégicas se traduzcan en proyectos y acciones específicas y medibles puede ser una tarea desalentadora. Además, es común que surjan dificultades inesperadas que pueden desviar los proyectos estratégicos de su curso previsto, requiriendo una rápida adaptación y toma de decisiones para mantener el enfoque en los objetivos a largo plazo.

Otro reto significativo es el monitoreo y la evaluación de la estrategia, que deben ser continuos y sistemáticos para ser efectivos. Esto no solo implica medir el desempeño contra los KPIs establecidos, sino también mantener una postura crítica y reflexiva, dispuesta a reevaluar y ajustar la estrategia en respuesta a los resultados obtenidos y a los cambios en el entorno empresarial.

En última instancia, el éxito en la implementación de la gestión estratégica depende de la capacidad de la empresa para superar estos retos, manteniendo la flexibilidad y resiliencia a lo largo del proceso. Cada etapa del camino presenta oportunidades únicas para aprender y mejorar, y es a través de la navegación hábil de estos desafíos que la empresa puede asegurar su éxito y sostenibilidad a largo plazo.

Parte Dos:
Diseño de la Estrategia

Desde los albores de la gestión empresarial moderna, han existido diversas metodologías para el diseño de estrategias empresariales, reflejando la evolución del pensamiento y las prácticas en el mundo de los negocios. Estas metodologías han evolucionado significativamente a lo largo del tiempo, adaptándose a los cambios en el entorno económico, tecnológico, social y político.

En los primeros días, las estrategias empresariales se centraban principalmente en la planificación a largo plazo y en la predicción basada en tendencias históricas. Esta aproximación, predominante en la era de la posguerra, se basaba en la suposición de que el futuro sería una extensión del pasado y que los mercados y tecnologías cambiarían de manera predecible. Sin embargo, con el tiempo, esta visión comenzó a ser insuficiente debido a la creciente complejidad y dinamismo del entorno empresarial.

Durante las décadas de 1970 y 1980, emergieron nuevas metodologías como el análisis SWOT (Fortalezas, Debilidades, Oportunidades, Amenazas) y el modelo de las cinco fuerzas de Porter. Estos marcos introdujeron una comprensión más sofisticada de la competencia y el entorno empresarial, enfatizando la importancia de analizar tanto el entorno interno como el externo de la empresa. Estos modelos han sido fundamentales en el desarrollo de estrategias competitivas y siguen siendo relevantes en la actualidad.

Con el advenimiento de la era digital y la globalización en las décadas siguientes, las metodologías de estrategia empresarial se volvieron aún más dinámicas y centradas en la adaptabilidad. Surgieron enfoques como la planeación basada en escenarios, que permiten a las empresas explorar y prepararse para múltiples futuros potenciales, y el enfoque lean startup, que enfatiza la experimentación rápida, la adaptabilidad y el aprendizaje iterativo, especialmente en el contexto de nuevas empresas y productos.

Además, la creciente importancia de la tecnología y la innovación ha llevado al desarrollo de estrategias centradas en la disrupción digital y la transformación empresarial. Esto ha requerido que las empresas no solo se adapten a las tecnologías emergentes, sino que también reconsideren fundamentalmente sus modelos de negocio, cadenas de valor y maneras de interactuar con los clientes y competidores.

Más recientemente, la sostenibilidad y la responsabilidad social corporativa han comenzado a integrarse en las estrategias empresariales. Las empresas están reconociendo cada vez más que el éxito a largo plazo depende no solo de los resultados financieros, sino también de su impacto en el medio ambiente, en sus empleados y en la sociedad en general. Esto ha llevado a un enfoque más holístico y equilibrado en la formulación de estrategias, donde el valor económico, social y ambiental se considera conjuntamente.

La evolución de las metodologías de estrategia empresarial refleja la adaptación constante de las empresas a un mundo en cambio. Desde las estrategias de planificación a largo plazo hasta los enfoques actuales que enfatizan la adaptabilidad, la innovación y la sostenibilidad, estas metodologías han evolucionado para enfrentar los desafíos y aprovechar las oportunidades de cada época. La capacidad de una empresa para integrar y aplicar estos enfoques diversos y en evolución es crucial para su éxito y supervivencia en el competitivo mundo empresarial de hoy.

La metodología de diseño de estrategia que describiremos aquí representa una amalgama refinada de diversas metodologías, fruto de un proceso de adaptación y síntesis continuo. Esta metodología no se suscribe a un único marco teórico o práctico; en cambio, integra lo mejor de cada enfoque, recogiendo lecciones y estrategias de una amplia gama de prácticas comprobadas. A lo largo de los años, he observado y experimentado con diferentes metodologías, desde el análisis clásico SWOT y el modelo de las cinco fuerzas de Porter, hasta enfoques más contemporáneos como la planificación basada en escenarios y las tácticas de startups ágiles. Esta integración selectiva ha permitido crear una metodología robusta y flexible, adaptada para abordar la complejidad y el dinamismo del entorno empresarial actual. Al tomar lo mejor de cada metodología y combinarlo de manera coherente, se forma un enfoque estratégico que es a la vez innovador y práctico, proporcionando a las empresas una guía clara y efectiva para navegar en el cambiante panorama de los negocios.

La metodología consiste en 4 fases generales, las cuales contienen pasos cada una.

Fase 1. Fundamentales de la Estrategia

La fase de fundamentales de la estrategia es un proceso multifacético que comienza con un entendimiento profundo del reto estratégico que enfrenta la empresa. Esta etapa implica una evaluación meticulosa de los desafíos y oportunidades actuales, lo que permite identificar las áreas clave que necesitan atención y mejora. Una vez comprendido el reto, la empresa debe definir claramente a dónde quiere llegar y en qué mercados desea competir. Esta definición incluye la formulación de un Modelo para Ganar que determine cómo se diferenciará la empresa y cómo creará valor en el mercado seleccionado. El siguiente paso es determinar las capacidades organizacionales necesarias para alcanzar estos objetivos. Esto abarca desde habilidades y conocimientos específicos hasta recursos y tecnologías, asegurando que la organización esté equipada para implementar su estrategia eficazmente. Finalmente, se establecen los sistemas de gestión adecuados, que son fundamentales para la ejecución y el monitoreo de la estrategia. Estos sistemas incluyen estructuras de gobierno, procesos de toma de decisiones y mecanismos de seguimiento, que juntos aseguran que la estrategia se implemente de manera coherente y se ajuste según sea necesario en respuesta a las condiciones cambiantes del mercado y del entorno empresarial.

Fase 2. Medición de la Estrategia

La fase de medición de la estrategia es crucial para garantizar que los objetivos estratégicos establecidos se traduzcan en resultados mensurables y accionables. Este proceso comienza con la creación de un mapa estratégico en un Balanced Scorecard, una herramienta que proporciona un marco para visualizar y alinear los objetivos estratégicos a través de distintas perspectivas: financiera, del cliente, de procesos internos y de aprendizaje y crecimiento. La clave del éxito en esta fase es la definición cuidadosa de indicadores o KPIs (Key Performance Indicators) estratégicos para cada objetivo. Estos indicadores deben tener atributos específicos que permitan una evaluación clara y objetiva del desempeño. Cada KPI debe estar claramente definido, con una descripción precisa, una fórmula para su cálculo, una fuente de datos identificable y metas específicas a alcanzar. Establecer estos KPIs permite a la empresa no solo medir el progreso hacia la consecución de sus objetivos estratégicos, sino también identificar áreas de mejora y realizar ajustes oportunos en su estrategia. Este enfoque sistemático y detallado en la fase de medición asegura que la estrategia empresarial sea tangible, enfocada y alineada con el crecimiento y éxito general de la organización.

Fase 3. Implementación de la Estrategia

La fase de ejecución de la estrategia es donde la planificación estratégica se transforma en acción tangible y resultados medibles. Esta etapa es fundamental y consiste en definir y desarrollar iniciativas estratégicas, proyectos y planes de acción detallados que materialicen la estrategia diseñada. Cada iniciativa estratégica se alinea con los objetivos y KPIs establecidos en la fase de medición, asegurando que cada acción emprendida contribuya directamente a la realización de la visión estratégica de la empresa. Los proyectos y planes de acción son desarrollados con cronogramas específicos, recursos asignados, responsabilidades claramente definidas y hitos concretos para el seguimiento del progreso.

Esta fase requiere una coordinación efectiva entre diferentes departamentos y niveles de la organización, así como una gestión de cambio eficiente para asegurar la adopción y el impulso de las iniciativas en toda la empresa. La ejecución exitosa de la estrategia depende de una implementación disciplinada y coherente de estas iniciativas, y es aquí donde la estrategia se prueba en el mundo real, adaptándose y refinándose a medida que se obtienen resultados y se generan aprendizajes.

Fase 4. Monitoreo y Evaluación de la Estrategia

La fase 4, centrada en el monitoreo y la evaluación de la estrategia, es crítica para asegurar que la empresa se mantenga en el camino correcto hacia el logro de sus objetivos estratégicos. Esta etapa implica un seguimiento riguroso del avance de la estrategia mediante un protocolo de revisión bien estructurado. Las Reuniones de Avance de la Estrategia (RAE) juegan un papel vital en este proceso, proporcionando un foro regular, generalmente mensual, para que los equipos presenten resultados e indicadores estratégicos. En estas reuniones, se analiza en profundidad el progreso de los KPIs estratégicos y se evalúa la efectividad de las iniciativas y proyectos implementados. Esta revisión periódica permite a la organización no solo medir su desempeño frente a los objetivos planificados, sino también identificar rápidamente cualquier desviación o retraso en la ejecución. La retroalimentación obtenida durante estas sesiones es esencial para realizar ajustes oportunos en la estrategia, en especial calibrando indicadores, garantizando que esta se mantenga relevante y efectiva en un entorno empresarial en constante cambio. Este proceso de monitoreo y evaluación continuo es clave para mantener la estrategia alineada con los objetivos a largo plazo de la empresa y para asegurar una adaptabilidad y una capacidad de respuesta eficaz frente a los desafíos y oportunidades emergentes.

El proceso de diseño de la estrategia es inherentemente no lineal y dinámico, caracterizado por la necesidad de volver a evaluar y reconsiderar continuamente las definiciones y decisiones tomadas en cada fase y paso. A medida que las empresas avanzan en el desarrollo de su estrategia, con frecuencia descubren nuevas informaciones, enfrentan cambios inesperados en el mercado o reconocen limitaciones internas que no habían sido consideradas inicialmente.

Esta realidad obliga a una revisión constante de los elementos de la estrategia, desde el Mercado de Competencia hasta el Modelo para Ganar y las Capacidades Organizacionales. El ajuste y la recalibración son partes necesarias del proceso estratégico. Las empresas deben ser flexibles y receptivas, adaptando su enfoque a medida que surgen nuevas realidades y entendimientos. Este ciclo de reflexión, adaptación y refinamiento garantiza que la estrategia desarrollada sea no solo robusta, sino también relevante y efectiva en un entorno empresarial que está en constante cambio. Así, el diseño de la estrategia se convierte en un proceso iterativo y evolutivo, más que en un camino lineal y predefinido. Vayamos pues ahora al detalle práctico de cada una de las fases.

Parte Tres:
Fase 1. Fundamentales de la Estrategia

En esta primera fase, como se mencionó anteriormente, es un paso crucial en el desarrollo de un enfoque estratégico efectivo para cualquier empresa. Esta fase implica comprender a fondo el reto estratégico actual que enfrenta la organización. Aquí, se realiza un análisis exhaustivo de los desafíos internos y externos, evaluando tanto las oportunidades como las amenazas en el entorno empresarial. Posteriormente, en esta misma fase, se define la aspiración de futuro de la empresa, el mercado en el que desea competir, y el modelo específico a través del cual buscará obtener una ventaja competitiva. Esta fase senta las bases para la formulación de una estrategia sólida y coherente, alineando las aspiraciones de la empresa con su capacidad para actuar en el mercado y su modelo único de competencia. Es un proceso de reflexión y planificación que prepara el terreno para las siguientes etapas de implementación y ejecución de la estrategia.

Esta fase esta dividida en 6 pasos esenciales.

Paso 1. Reto Estratégico

El reto estratégico en el ámbito empresarial se refiere a las complejidades y dilemas que una organización debe abordar para alcanzar sus objetivos a largo plazo y mantener una ventaja competitiva sostenible.

Estos retos pueden surgir de una variedad de fuentes, incluyendo cambios en el mercado, evolución de las necesidades y comportamientos del cliente, innovaciones tecnológicas, presiones competitivas, y factores económicos, sociales y políticos globales. Enfrentar un reto estratégico implica identificar y comprender estos elementos dinámicos y a menudo interconectados, analizando cómo afectan a la posición actual de la empresa y a sus futuras aspiraciones. Este proceso requiere no solo un análisis detallado del entorno externo de la empresa, sino también una introspección crítica de sus capacidades internas, recursos y cultura. El reto estratégico central para cualquier organización es, por lo tanto, desarrollar una estrategia que no solo responda y se adapte a estos factores cambiantes, sino que también aproveche las oportunidades únicas que presentan, asegurando el crecimiento y éxito a largo plazo de la empresa.

Un detalle importante, es que por lo regular el reto estratégico es un fenómeno externo a la organización. Si bien la empresa puede tener retos internos importantes como temas de eficiencia, ventas, procesos, etc., estos son situaciones internas que dependen totalmente de la empresa en su resolución. Mientras que un reto estratégico es una situación externa que afecta a la empresa y nos obliga a que definamos una nueva estrategia. Cabe mencionar que un reto estratégico no es una crisis temporal ni situacional que tiene un periodo de vida corto y, que posterior a su final, las condiciones vuelven a como era previamente a la crisis.

Para definir el reto estratégico se siguen varias acciones:

Entrevistas a ejecutivos y consejeros de la empresa.

Como parte crucial del proceso de descubrir el reto estratégico de una empresa, se requiere realizar entrevistas a consejeros y ejecutivos de todos los niveles, abarcando áreas directivas, administrativas, comerciales, operativas, y otras. Estas entrevistas deben ser cuidadosamente diseñadas para indagar en los desafíos más significativos que enfrenta la organización desde diversas perspectivas.

Al hablar con ejecutivos de distintos departamentos y niveles jerárquicos, se obtiene una visión integral de la empresa, revelando no solo los desafíos únicos de cada área, sino también aquellos problemas y oportunidades que atraviesan toda la organización. Las preguntas formuladas en estas entrevistas deben estar enfocadas en identificar estos retos clave, así como en comprender cómo impactan en el funcionamiento y el éxito global de la empresa.

Se puede tomar de base la metodología de analisis interno (FODA: Fuerzas, Debilidades, Oportunidades y Amenazas) y externo (PASTEL: Político, Ambiental, Social, Tecnológico, Económico y Legal) para la formulación de las preguntas.

Algunos ejemplos de preguntas que debes incluir son:

- ¿Cuales son los 2 o 3 retos más importantes que enfrente la empresa en este momento y que continuarán presentándose en el mediano o largo plazo?
- ¿Por qué necesitamos una nueva estrategia?
- ¿Qué nos está obligando a ser mejores?
- ¿Cuáles son los mayores cambios que se observan en nuestro mercado y cómo nos están afectando?
- ¿Qué nuevas oportunidades o amenazas se identifican recientemente en el entorno empresarial?
- ¿Cómo evaluamos nuestro posicionamiento actual en comparación con nuestros competidores principales?
- ¿Qué están haciendo nuestros competidores que nosotros no, y cómo podría afectarnos?
- ¿Estamos aprovechando adecuadamente las innovaciones tecnológicas en nuestra industria?
- ¿Y las innovaciones de otras industria que pudieran beneficiarnos o afectarnos?
- ¿Cómo podría la tecnología emergente afectar o mejorar nuestro modelo de negocio?
- Qué brechas de habilidades o recursos identifica como críticas para nuestro éxito futuro?
- ¿Qué impacto están teniendo los cambios externos hacia dentro de nuestra organización?

- ¿Qué aspectos de nuestra estrategia actual cree que son más efectivos y cuáles requieren revisión o cambio?

Es fundamental que las entrevistas realizadas para descubrir el reto estratégico de una empresa sean imparciales y permitan a los entrevistados expresarse libremente. Para garantizar la obtención de información valiosa y genuina, las entrevistas deben estructurarse de manera que eviten sesgos y predisposiciones. Idealmente, estas deben ser sesiones individuales, es decir, 1 a 1, donde cada entrevistado se sienta cómodo para compartir sus perspectivas y experiencias sin la influencia de otros colegas. El uso de preguntas abiertas es esencial en este contexto, ya que fomentan respuestas detalladas y reflexivas, permitiendo a los entrevistados explorar y expresar sus pensamientos de manera más profunda y extensa. Las preguntas abiertas también facilitan el surgimiento de hallazgos y puntos de vista que quizás no se habrían considerado en un formato de entrevista más restrictivo y dirigido. Alentando un diálogo abierto y sin restricciones, se logra un entendimiento más claro y completo de los retos estratégicos, lo que es crucial para el desarrollo de una estrategia eficaz y adaptada a las necesidades reales de la organización.

Entrevistas a expertos externos a la empresa

Para obtener una visión completa y profunda de los retos estratégicos que enfrenta una empresa, es imprescindible mirar más allá de sus muros y buscar conocimientos externos. Llevar a cabo entrevistas con expertos que no forman parte de la estructura interna de la organización puede proporcionar nuevas perspectivas y revelar desafíos y oportunidades que no se han considerado anteriormente. Estos expertos pueden ser especialistas en la industria, investigadores que estudian tendencias de mercado, académicos como profesores con una visión teórica y crítica, o consultores con experiencia en resolver problemas complejos en contextos similares o diversos.

Estos profesionales pueden aportar hallazgos valiosos debido a su experiencia y conocimiento especializado en áreas específicas. Además, su visión objetiva y distanciada de las operaciones diarias de la empresa les permite identificar cuestiones que, a menudo, no son visibles para los que están inmersos en el contexto organizacional.

También pueden señalar tendencias emergentes, cambios tecnológicos, dinámicas de competencia y expectativas cambiantes de los consumidores que la empresa necesita abordar.

Interactuar con estos expertos requiere un enfoque estructurado que respete su tiempo y conocimiento, formulando preguntas claras y enfocadas que busquen entender el panorama más amplio en el que la empresa opera. Estas conversaciones deben ser diseñadas para explorar hipótesis, validar suposiciones y, en última instancia, enriquecer el entendimiento estratégico de la empresa. La inclusión de estos especialistas externos en el proceso de evaluación estratégica no solo es un ejercicio de diligencia debida, sino también una fuente de ventaja competitiva que puede marcar la diferencia en el desarrollo de una estrategia robusta y adaptativa.

Al entrevistar a expertos externos para detectar retos estratégicos, es importante hacer preguntas que fomenten respuestas detalladas y reflexivas. Aquí hay 10 preguntas esenciales que pueden ayudar a revelar desafíos no considerados:

- ¿Cómo ve la evolución de nuestra industria en los próximos cinco a diez años y cuáles son los principales impulsores de ese cambio?
- Desde su perspectiva, ¿cuáles son las tendencias emergentes que las empresas en nuestro sector no están prestando suficiente atención?
- ¿Qué tecnologías disruptivas cree que podrían impactar nuestra industria y cómo podemos prepararnos para ellas? Y, ¿nuevos modelos de negocios?
- ¿Qué cambios en las regulaciones o en el entorno político podrían afectar nuestra forma de hacer negocios en el futuro cercano?
- En su experiencia, ¿qué errores comunes ve que las empresas como la nuestra cometen al formular sus estrategias?
- ¿Cómo están cambiando las expectativas de los clientes en nuestra industria y cómo deberíamos responder a estas demandas?
- ¿Qué desafíos éticos o de sostenibilidad anticipa que se volverán más significativos para las empresas en nuestro campo?
- ¿Puede identificar alguna brecha en el mercado actual que podría presentar una oportunidad estratégica para nuestra empresa?

- ¿Qué enfoque recomendaría para fomentar una cultura de innovación que pueda sostener el crecimiento estratégico a largo plazo?
- Basado en su conocimiento, ¿qué prácticas de otras industrias podrían ser adaptadas o aplicadas en la nuestra para mejorar nuestra competitividad estratégica?

Estas son solo algunos ejemplos de preguntas que están diseñadas para ayudar a las empresas a explorar posibles áreas ciegas en su estrategia actual y a descubrir oportunidades de mejora y crecimiento. Al obtener una amplia gama de perspectivas de expertos con diferentes experiencias y especializaciones, las empresas pueden formar una visión más completa de los retos estratégicos que enfrentan y desarrollar estrategias más informadas y efectivas.

Entrevistas a Clientes y Prospectos

Entrevistar a clientes y prospectos es un componente esencial en la detección de retos estratégicos, ya que proporciona una comprensión directa de las necesidades y percepciones del mercado. Estas entrevistas deben ser diseñadas para descubrir no solo la satisfacción con los productos o servicios actuales, sino también para identificar necesidades insatisfechas, áreas de mejora y oportunidades de innovación.

Al interactuar directamente con quienes utilizan o podrían utilizar los productos o servicios de la empresa, se pueden recoger valiosos hallazgos sobre cómo la empresa es percibida en el mercado, qué factores son determinantes en las decisiones de compra y cómo evolucionan las expectativas de los consumidores. Esta información directa de la fuente puede ser crucial para adaptar la estrategia empresarial y garantizar que se alinee con las tendencias actuales y futuras del mercado.

Aquí hay una lista de 10 preguntas potenciales para realizar a clientes y prospectos:

- ¿Cómo describiría su experiencia general con nuestros productos/servicios?
- ¿Qué es lo que más valora de los productos/servicios que ofrecemos?

- ¿Hay algún problema que no esté siendo abordado por nuestras soluciones actuales?
- ¿Cómo cree que podríamos mejorar nuestros productos/servicios?
- ¿Qué características adicionales le gustaría ver en nuestros productos/servicios en el futuro?
- ¿Cómo cree que las tendencias actuales podrían afectar sus necesidades o cómo utiliza nuestros productos/servicios?
- ¿Ha encontrado productos o servicios de la competencia que satisfagan mejor sus necesidades? Si es así, ¿qué es lo que ofrecen?
- ¿Qué factores considera más importantes al elegir entre nosotros y nuestros competidores?
- ¿Cómo calificaría nuestro entendimiento y respuesta a sus necesidades y expectativas?
- ¿Estaría dispuesto a recomendar nuestros productos/servicios a otros, y por qué o por qué no?

Estas preguntas buscan profundizar en la experiencia del cliente y revelar áreas de potencial crecimiento y mejora para la empresa. Escuchar activamente y analizar las respuestas puede proporcionar pistas críticas para desarrollar una estrategia que no solo responda a los desafíos actuales sino que también anticipe y se adelante a las necesidades futuras del mercado.

TIP: Practicas efectivas en la implementación de las entrevistas:

- Toma buenas notas inmediatamente después de la entrevista para capturar la información fresca en tu mente para que los detalles no se pierdan con el tiempo.
- Involucra a otros miembros de tu equipo, ya que esto puede proporcionar múltiples perspectivas y ayudar a cubrir áreas que una sola persona podría pasar por alto.
- Haz que la entrevista sea conversacional para alentar a la apertura y generar información más genuina y detallada.
- Salte del guion y no te limites estrictamente a las preguntas preparadas; la flexibilidad puede revelar insights valiosos.

Investigación de Escritorio

La investigación de escritorio, también conocida como investigación secundaria, es un pilar fundamental en el proceso de detección de retos estratégicos latentes. Esta metodología se basa en el análisis de información existente y accesible públicamente, como reportes de la industria, artículos científicos, publicaciones en blogs especializados, comunicados de inversionistas y datos de competidores. Estas fuentes proporcionan una riqueza de datos que pueden revelar tendencias del mercado, innovaciones tecnológicas, cambios regulatorios y movimientos estratégicos de otros jugadores en el campo.

Además, la inteligencia competitiva que se puede obtener a través de estos medios es invaluable para una empresa que busca anticiparse a los desafíos y oportunidades que aún no se han manifestado plenamente en el mercado.

Al mantenerse informado y analizar críticamente esta información, las organizaciones pueden desarrollar una comprensión profunda del entorno en el que operan y, por ende, adaptar sus estrategias para mantenerse a la vanguardia en un entorno empresarial cada vez más competitivo y dinámico.

La investigación de escritorio debe buscar responder una serie de preguntas clave que pueden arrojar luz sobre los retos estratégicos latentes y las oportunidades para la empresa. Aquí hay una lista de preguntas esenciales:

- ¿Cuáles son las tendencias emergentes en nuestra industria según los últimos reportes y análisis de mercado?
- ¿Qué nuevas tecnologías están siendo adoptadas y cómo podrían afectar nuestro modelo de negocio?
- ¿Cómo están cambiando las preferencias y comportamientos de los consumidores en relación con nuestros productos o servicios?
- ¿Qué estrategias están implementando nuestros competidores y cómo están afectando su desempeño y posicionamiento en el mercado?
- ¿Existen cambios regulatorios previstos que podrían impactar nuestra operación o estrategia de mercado?

- ¿Qué descubrimientos científicos recientes o desarrollos tecnológicos podrían abrir nuevas oportunidades para nuestra empresa?
- ¿Qué información financiera y de inversión revelan los comunicados de nuestros competidores sobre sus prioridades y estabilidad?
- ¿Qué desafíos o brechas en el mercado están siendo discutidos en blogs y foros especializados?
- ¿Cómo se están adaptando las empresas líderes en nuestra industria a los cambios económicos globales?
- ¿Qué lecciones se pueden aprender de los éxitos y fracasos de otras empresas según los estudios de caso publicados recientemente?

TIP: Inteligencia Competitiva

Mantener un área de inteligencia competitiva que se dedique al monitoreo constante de los cambios en el entorno es vital para el éxito a largo plazo de cualquier empresa.

Esta unidad no solo debe ser activa durante la fase de diseño de la estrategia, sino que debe funcionar de manera continua, proporcionando a los directivos información actualizada y relevante que permita la toma de decisiones informadas y ágiles.

Una inteligencia competitiva efectiva actúa como los ojos y oídos de la empresa, identificando señales tempranas de cambios en las tendencias de mercado, las innovaciones tecnológicas, los movimientos de la competencia y los cambios regulatorios.

Al asegurar que esta información crítica fluya regularmente hacia los tomadores de decisiones, la empresa puede anticipar desafíos, capitalizar oportunidades emergentes y ajustar su rumbo estratégico en tiempo real. Esta práctica no solo mejora la reactividad y adaptabilidad de la empresa frente a los desafíos inmediatos, sino que también contribuye a una planificación estratégica más robusta y visionaria.

Definición del Reto Estratégico

Tras la realización de entrevistas exhaustivas y una meticulosa investigación del entorno, es crucial emprender una revisión detallada de todos los insights recogidos. Este análisis debe centrarse en identificar patrones y conexiones entre la información obtenida para destilar los datos en una visión coherente. La labor de síntesis tiene como objetivo agrupar los comentarios, observaciones y hechos relevantes en categorías claras y manejables. Al hacerlo, emergen los principales retos estratégicos que enfrenta la organización, delineados no por suposiciones, sino por evidencias y perspectivas concretas de diversas fuentes. Esta lista consolidada de desafíos principales se convierte entonces en la piedra angular para el desarrollo de una estrategia empresarial informada y enfocada, que direccionará los esfuerzos futuros y la asignación de recursos para abordar los aspectos más críticos identificados durante el proceso de investigación.

El reto estratégico, al ser el eje central del proceso de planificación, debe estar compuesto por los principales desafíos identificados y articulados de manera que capturen la esencia y la complejidad de las situaciones a las que se enfrenta la empresa. Este no debe ser una simple enumeración de obstáculos, sino una narrativa cohesionada que teja juntos los distintos hilos de insights para formar un relato claro y comprensivo.

Debe redactarse en forma de prosa, con una narrativa fluida que describa vívidamente cada aspecto del reto estratégico, proporcionando no solo una lista de problemas, sino también el contexto, las implicaciones y las interconexiones entre ellos. Este enfoque narrativo ayuda a asegurar que el reto estratégico sea accesible y resonante para todos los niveles de la organización, facilitando una comprensión más profunda y un compromiso más fuerte con la estrategia que se desarrollará para superar estos desafíos.

Ejemplos de Retos Estratégicos

1. Empresa de Servicios Profesionales Empresariales

Ante la presencia de la pandemia de COVID19 y la eminente crisis económica en México, se está ocasionando el detenimiento o desaceleración de la actividad económica de las empresas.

Esto ha impactado negativamente a los clientes actuales de la empresa y cambiado sus prioridades en el enfoque de sus negocios. Esta situación obliga a nuestra organización a replantear nuestros esfuerzos en la entrega de valor a clientes actuales y nuevos, así como la forma de llegar a éstos.

2. Empresa de Materiales de Construcción y del Hogar

Actualmente, nuestra organización navega en un mercado diversificado generacionalmente, donde las preferencias de consumo son variadas y evolucionan rápidamente, exigiendo una mayor oferta de productos, rapidez en el servicio, adaptabilidad y una expansión hacia canales de adquisición innovadores. Al mismo tiempo, nos hallamos ante un panorama competitivo feroz, con el riesgo constante de que nuevos actores con recursos significativos ingresen al mercado y una marcada escasez de talento cualificado disponible.

Paso 2. Horizonte Estratégico Deseado

El "horizonte estratégico deseado" en el diseño de la estrategia es una declaración de intenciones que define hacia dónde una empresa se propone avanzar. Esta conceptuación, a diferencia de una visión empresarial más amplia y a largo plazo, es más específica y se enfoca generalmente en un lapso de 3 a 5 años.

Este horizonte debe emerger como una respuesta clara al reto estratégico identificado, delineando de manera precisa hacia dónde la empresa quiere llegar, qué posición desea ocupar en su mercado y cómo se visualiza a sí misma en el futuro.

A diferencia de los objetivos o metas específicas, el horizonte estratégico deseado proporciona una definición más general de los logros que la empresa aspira alcanzar. Funciona como un faro, guiando las decisiones estratégicas y operativas, y asegurando que la empresa mantenga su rumbo hacia el estado deseado. Por ejemplo, si una empresa reconoce como reto estratégico la necesidad de diversificar su base de clientes y adaptarse a las necesidades de diferentes generaciones, su horizonte estratégico deseado podría ser convertirse en un líder de mercado, reconocido por su capacidad de innovar en productos y servicios que satisfacen eficazmente a un espectro diverso de consumidores.

Este horizonte estratégico debe ser lo suficientemente claro para motivar y guiar, pero también lo suficientemente flexible para permitir adaptaciones a medida que la empresa avanza hacia su realización. Establecer un horizonte estratégico deseado es, en esencia, fijar un destino claro, lo que permite a la empresa desarrollar estrategias enfocadas y efectivas para alcanzarlo.

El horizonte estratégico deseado se puede obtener en parte de las entrevistas a los consejeros y directivos, a los cuales se les plantean preguntas como las siguientes:

- ¿Cómo visualizan el estado ideal de nuestra empresa en los próximos 3 a 5 años, considerando los retos y oportunidades del mercado actual?
- En el contexto de nuestro reto estratégico, ¿qué posición quieren que ocupe nuestra empresa en el mercado dentro de este período? ¿Cómo quieren que nos perciban los clientes, competidores y otros stakeholders?
- ¿Qué cambios o innovaciones clave deben implementarse para que nuestra empresa alcance ese estado deseado? ¿Cómo pueden estas adaptaciones marcar una diferencia en nuestro sector?
- ¿Qué aspectos de nuestra cultura organizacional y capacidades internas necesitamos fortalecer o desarrollar para lograr nuestro horizonte estratégico deseado?
- Al mirar hacia este horizonte, ¿cuál quieren que sea el impacto y legado de nuestra empresa en la industria, la sociedad y el medio ambiente?

Para diseñar el horizonte estratégico se puede apoyar también en otros marcos teóricos como son el Massive Transformative Purpose MTP y Big Hairy and Audacious Goal (BHAG).

El framework de "Massive Transformative Purpose" (MTP), o Propósito de Transformación Masiva, concepto acuñado por el famoso estratega de negocios y futurista Peter Diamandis, es utilizado en el ámbito de la innovación y la estrategia empresarial, especialmente en el contexto de las organizaciones exponenciales. Este enfoque se centra en establecer un propósito o una misión grandiosa y ambiciosa que busca generar un cambio significativo y positivo a gran escala.

El MTP va más allá de los objetivos tradicionales de una empresa; no se trata solo de ganancias o cuota de mercado, sino de aspirar a lograr un impacto masivo y duradero en la sociedad, la industria, o incluso en el mundo. Este propósito debe ser lo suficientemente inspirador como para movilizar a los empleados, atraer a los clientes y stakeholders, y orientar todas las estrategias y acciones de la empresa hacia la consecución de ese objetivo transformador.

El framework de Massive Transformative Purpose implica definir un propósito que es a la vez audaz y centrado en generar un impacto profundo y extenso, sirviendo como catalizador para la innovación, el crecimiento y la transformación en todos los aspectos de la organización.

Por otro lado, el concepto de "Big Hairy Audacious Goal" (BHAG), traducido como Meta Grande, Peluda y Audaz, es un framework estratégico popularizado por Jim Collins y Jerry Porras en su libro "Built to Last".

Un BHAG es un objetivo a largo plazo, claro y convincente, que es ambicioso y podría parecer incluso inalcanzable al principio. Este tipo de meta está diseñada para ser un poderoso catalizador de cambio y un norte para una organización, inspirando y uniendo al equipo en la búsqueda de un logro extraordinario.

Los BHAGs son más que simples objetivos; son visiones que desafían el status quo, empujan a la organización más allá de sus límites actuales y requieren un esfuerzo sostenido y significativo para alcanzarlos. Estos objetivos son eficaces para motivar y enfocar a las personas en un objetivo común a largo plazo, creando un sentido de urgencia y propósito. Un BHAG bien formulado es específico y tangible, por lo que el progreso y el éxito pueden ser medidos claramente. Este concepto se ha utilizado ampliamente en la planificación estratégica de empresas de todos los tamaños para estimular el crecimiento y el cambio transformador.

El Horizonte Estratégico Deseado (HED) puede conceptualizarse eficazmente como una síntesis entre las herramientas de Massive Transformative Purpose (MTP) y Big Hairy Audacious Goal (BHAG).

Al combinar la visión grandiosa y el impacto transformador del MTP con la orientación específica y la naturaleza desafiante del BHAG, el HED establece un destino intermedio claro y motivador para la empresa. Este horizonte no es tan detallado como un objetivo específico, evitando limitar la estrategia a parámetros estrictos, pero tampoco es tan amplio o general como el MTP, asegurando que conserve un enfoque práctico y realizable. El HED, por lo tanto, articula cómo la empresa aspira a verse en el mediano plazo, ofreciendo una visión equilibrada que es suficientemente ambiciosa para inspirar innovación y cambio, pero al mismo tiempo lo bastante concreta para guiar las decisiones estratégicas y operativas. Este enfoque integrado ayuda a la organización a navegar eficazmente hacia su futuro deseado, manteniendo la flexibilidad para adaptarse y responder a los cambios del entorno mientras persigue un propósito transformador y un objetivo audaz.

Ejemplos de Horizontes Estratégicos Deseados:

1. Empresa de Construcción

La empresa aspira a alcanzar el nivel de las grandes ligas, un objetivo que se materializará al liderar exitosamente un proyecto de más de 60 mil pies cuadrados.

La meta es sobresalir como el mejor entre los competidores de menor tamaño, estableciendo una estructura y un nivel institucional en todos sus procesos. Además, busca expandir su capacidad para atender a clientes más allá de su actual ámbito de operaciones.

2. Empresa de servicios legales

La horizonte estratégico deseado es establecerse como un referente dominante en el ámbito del derecho corporativo a nivel nacional. Esta meta se construye sobre la base del fortalecimiento y desarrollo exhaustivo de su equipo jurídico, poniendo especial énfasis en la especialización en las áreas de derecho administrativo y mercantil. La firma está dedicada a fomentar la colaboración y a desarrollar un conjunto de habilidades multidisciplinario entre sus profesionales. Asimismo, pretende aumentar su competitividad y presencia en el mercado a través de una participación más activa en procesos de contratación con entidades gubernamentales.

La empresa aspira a ser reconocida por su operatividad estructurada y procesos definidos, así como por un enfoque corporativo institucional en todas sus prácticas de negocios.

Paso 3. Mercado de Competencia

La definición del Mercado de Competencia es un elemento fundamental en la estrategia de cualquier empresa, ya que establece el terreno en el que la organización desea operar y competir. Esta definición no solo se centra en el "qué" y el "dónde" de la competencia, sino también en el "cómo" y el "con quién", abarcando aspectos como el tipo de mercado, los clientes, la geografía, la industria y los canales de distribución y venta.

Productos y/o Servicios

La descripción detallada de los productos y servicios con los que una empresa decide competir en su mercado de elección es un aspecto crucial de su estrategia global. Esta definición no solo establece qué ofrecerá exactamente la empresa a sus clientes, sino que también determina cómo se diferenciará de sus competidores. Cada producto o servicio debe estar diseñado y posicionado para satisfacer las necesidades y expectativas específicas del segmento de mercado objetivo, al mismo tiempo que refleja las fortalezas y capacidades únicas de la empresa.

La relevancia de conocer con precisión los productos y servicios para competir radica en varios factores clave. En primer lugar, permite a la empresa alinear sus recursos y esfuerzos de desarrollo con las demandas del mercado y las expectativas de los clientes. Esto no solo optimiza la inversión y los esfuerzos de la empresa, sino que también aumenta las posibilidades de éxito en el mercado.

En segundo lugar, una comprensión clara de los productos y servicios ayuda a la empresa a identificar y capitalizar las oportunidades de diferenciación. En un mercado competitivo, destacar por características únicas o por ofrecer una experiencia superior al cliente puede ser un factor determinante para captar y retener clientes.

Además, saber con qué productos y servicios competir facilita la planificación estratégica en cuanto a marketing, ventas y distribución. Permite a la empresa desarrollar mensajes de marketing más efectivos, estrategias de precios adecuadas y elegir los canales de distribución más efectivos.

Esta claridad ayuda a anticipar y responder a los movimientos de la competencia. Al entender profundamente su propia oferta de productos y servicios, la empresa puede ser más ágil y proactiva en la adaptación a los cambios del mercado, ya sea mejorando sus ofertas actuales o desarrollando nuevas para mantener su competitividad.

La evolución de un servicio a un modelo de producto y luego a un modelo de "producto como servicio" refleja una progresión estratégica significativa en la oferta de una empresa, adaptándose a las cambiantes necesidades del mercado y las expectativas de los clientes.

Servicio Tradicional: Inicialmente, una empresa puede ofrecer un servicio tradicional que se centra en satisfacer necesidades específicas de los clientes mediante una entrega personalizada. Este servicio puede variar desde consultoría hasta servicios de mantenimiento, y su valor radica en la experiencia, habilidad y conocimiento del proveedor. La personalización y la interacción directa con el cliente son componentes clave.

Productización del Servicio: A medida que la empresa crece y busca escalar su oferta, puede optar por "productizar" sus servicios. Esto implica estandarizar y empaquetar el servicio para que sea más fácilmente comercializable y entregable a un mayor número de clientes, con menos personalización individual. La productización permite una mayor consistencia en la calidad, precios más competitivos y una comercialización más sencilla. Un ejemplo podría ser un paquete de servicios de consultoría con un conjunto definido de entregables.

Modelo de Producto como Servicio (PaaS): La evolución a un modelo de Producto como Servicio representa una transformación estratégica más profunda. En este enfoque, lo que tradicionalmente se vendía como un producto se ofrece como un servicio continuo.

Este modelo se ha popularizado en sectores como el software, con el Software como Servicio (SaaS), pero se está expandiendo a otros ámbitos, como la movilidad (con los vehículos compartidos) y la tecnología (con hardware y software integrados ofrecidos como un paquete de servicio continuo). Este modelo permite a las empresas generar ingresos recurrentes y fortalecer las relaciones a largo plazo con los clientes.

La transición de un servicio a un modelo de producto como servicio ofrece numerosas ventajas, incluyendo la creación de fuentes de ingresos más predecibles y sostenibles, y la posibilidad de recopilar datos continuos sobre el uso y preferencias de los clientes, lo que puede impulsar futuras innovaciones y mejoras. Además, alinea a la empresa más estrechamente con la tendencia actual hacia la economía de suscripción, donde los clientes prefieren pagar por el acceso continuo y el soporte en lugar de la propiedad única de un producto.

Tipo de Mercado y Clientes

La empresa debe identificar claramente el segmento de mercado al que apunta. Esto implica comprender quiénes son sus clientes actuales y potenciales, qué necesidades específicas tienen, y cómo estos requisitos pueden cambiar en el corto y mediano plazo. Esta comprensión permite a la empresa adaptar su oferta de productos o servicios para satisfacer mejor las demandas de su mercado objetivo.

Es fundamental reconocer que el intento de dirigirse a un mercado demasiado amplio, como "todas las empresas" o "todas las personas", es una estrategia poco práctica y, en muchos casos, contraproducente. La falta de una segmentación de mercado específica puede llevar a una dilución de los esfuerzos y recursos, y a menudo resulta en una propuesta de valor poco clara y una falta de enfoque en las necesidades específicas de los clientes. Una segmentación de mercado bien definida es crucial, ya que permite a la empresa concentrar sus recursos en servir a un grupo particular de consumidores o negocios de manera más efectiva y eficiente. Al enfocarse en un segmento de mercado específico, la empresa puede personalizar sus productos, servicios y estrategias de marketing para satisfacer las necesidades y preferencias únicas de ese grupo.

Esto no solo aumenta la relevancia y el atractivo de la oferta de la empresa, sino que también mejora las posibilidades de éxito en un mercado competitivo.

En mi trayectoria como consultor, me he topado frecuentemente con empresarios que inicialmente definen su mercado de manera muy amplia, sugiriendo que cualquier persona podría ser su cliente. Sin embargo, al comenzar a profundizar en la definición de su mercado objetivo, surgen reflexiones más detalladas. Un ejemplo claro ocurre cuando planteo la pregunta de si los niños son realmente quienes comprarían su producto o servicio. Este tipo de cuestionamientos inicia un proceso de reconsideración y análisis más minucioso. Empiezan a darse cuenta de que, tal vez, no son los niños los clientes ideales, sino sus padres, o quizás un segmento más específico como madres solteras.

Y aún más, pueden llegar a concluir que su enfoque debería centrarse en madres solteras que residen en ciudades grandes o medianas. Este proceso de indagación y reflexión es esencial para filtrar y segmentar adecuadamente el mercado, asegurando así que la estrategia de la empresa esté dirigida a aquellos consumidores que realmente se alinean con la oferta de productos o servicios, maximizando las oportunidades de éxito en el mercado.

Geografía

La ubicación geográfica es un factor crucial. En el corto plazo, la empresa puede enfocarse en consolidar su presencia en mercados locales o regionales donde ya tiene una base. Para el mediano plazo, podría planear una expansión a nuevas áreas geográficas, lo que puede requerir un análisis detallado de las diferentes dinámicas de mercado, la competencia local, y las particularidades culturales y regulatorias.

Determinar el alcance geográfico de la competencia es esencial para alinear la estrategia de la empresa con las condiciones reales del mercado y las capacidades internas. Ya sea que una empresa apunte a un mercado local, estatal, nacional o internacional, la especificidad en la elección de su geografía de operación es clave para garantizar un enfoque efectivo y el uso eficiente de los recursos.

Importancia de la Precisión Geográfica: Ser específico en la elección geográfica ayuda a la empresa a comprender y adaptarse a las dinámicas únicas del mercado en esa área. Una empresa que se enfoca en un mercado local puede necesitar adaptarse a las necesidades y preferencias específicas de esa comunidad, mientras que una que apunta a un mercado internacional puede enfrentar desafíos de adaptación cultural, barreras idiomáticas y regulaciones comerciales complejas.

Expansión y Consolidación: La decisión entre buscar la consolidación en un mercado existente o la expansión a nuevos mercados depende de varios factores, incluyendo la madurez del mercado actual, la saturación de la competencia, y el potencial de crecimiento en nuevos mercados. Algunas empresas pueden optar por consolidarse en su mercado actual para fortalecer su posición y profundizar su penetración de mercado. En contraste, otras pueden buscar la expansión como una forma de diversificar sus ingresos y reducir la dependencia de un solo mercado.

Evaluación del Tiempo para la Expansión: Determinar cuándo expandirse a nuevos mercados geográficos es tan importante como decidir a dónde expandirse. Este timing depende de factores como la estabilidad y el éxito en el mercado actual, la disponibilidad de recursos para la expansión, y las condiciones del mercado objetivo. La expansión prematura puede desviar recursos críticos y atención, mientras que una demora excesiva puede significar perder oportunidades valiosas.

Internacionalización: La internacionalización es una decisión estratégica importante que puede ofrecer acceso a mercados más grandes y oportunidades de crecimiento. Sin embargo, también viene con complejidades adicionales en términos de logística, cumplimiento de regulaciones, y diferencias culturales. Las empresas que buscan internacionalizarse deben realizar una planificación y preparación exhaustivas para garantizar una entrada exitosa en mercados extranjeros.

La elección geográfica en la definición del mercado de competencia es una decisión estratégica que debe basarse en un análisis profundo de las capacidades de la empresa, las condiciones del mercado y los objetivos a largo plazo. Tanto para la consolidación como para la expansión, la especificidad geográfica y el timing adecuado son esenciales para el éxito de la estrategia empresarial.

Canales

En términos de canales de distribución y venta, la empresa debe decidir si se enfocará en canales tradicionales, explorará opciones digitales o adoptará un enfoque multicanal. Esta decisión dependerá de dónde y cómo prefieren comprar sus clientes, así como de las tendencias emergentes en el comportamiento de compra en el corto y mediano plazo.

La elección y gestión de canales o medios de acceso a los mercados deseados son aspectos críticos en la estrategia de cualquier empresa. Estos canales son los puentes que conectan los productos o servicios de la empresa con sus consumidores finales, y su eficacia puede determinar en gran medida el éxito o fracaso en un mercado específico. Cuando se contempla entrar en un nuevo mercado, es esencial evaluar si los canales de acceso están ya desarrollados o si es necesario construirlos. Si no están desarrollados, la empresa debe considerar cuidadosamente si posee los recursos, tanto financieros como operativos, para establecerlos eficazmente. En caso de que los canales ya estén establecidos, es crucial entender de quién dependen, evaluando los riesgos asociados y qué alternativas existen si el canal principal falla.

Además, es importante determinar la cantidad y el tipo de canales necesarios. Esto dependerá de diversos factores, como el tipo de producto o servicio, el comportamiento del consumidor y la estructura del mercado. No todos los canales son adecuados para todos los tipos de negocios o etapas de madurez del mercado.

Por lo tanto, es fundamental realizar un análisis para identificar cuáles son los más óptimos para el momento actual de la empresa y la madurez del mercado objetivo. Una estrategia multicanal puede ser beneficiosa para mitigar riesgos y maximizar el alcance, pero cada canal seleccionado debe justificarse en términos de retorno de la inversión y alineación con los objetivos generales de la empresa. En resumen, la planificación cuidadosa y el análisis estratégico de los canales de acceso son indispensables para garantizar una entrada exitosa y sostenible en los mercados seleccionados.

La definición del mercado en el que una empresa decide competir es uno de los elementos más cruciales de su estrategia, especialmente considerando la etapa en la que se encuentra y sus capacidades actuales. Esta decisión no debe tomarse a la ligera, ya que entrar en un mercado inadecuado o demasiado ambicioso para la capacidad de la empresa puede resultar en un esfuerzo infructuoso y recursos desperdiciados. Es esencial reconocer que no todas las empresas pueden competir eficazmente en todos los mercados. La elección del mercado debe alinearse con las fortalezas, recursos y experiencia de la empresa, asegurando que pueda no solo ingresar sino también mantenerse y prosperar en ese entorno.

Se requiere un análisis minucioso y estratégico de varios factores clave. Al determinar con precisión dónde y cómo quiere competir la empresa, se puede formular una estrategia más enfocada y efectiva, que permita a la organización posicionarse con éxito en su mercado elegido y adaptarse a los cambios y oportunidades futuras.

TIP: Mejores Practicas en la Definición del Mercado de Competencia

Las mejores prácticas en este proceso implican una combinación de investigación exhaustiva, análisis detallado y evaluación crítica. Aquí se detallan algunas de las prácticas más efectivas:

- Análisis del Mercado Actual y Potencial. Comienza con una evaluación profunda del mercado en el que ya opera la empresa. Identifica tendencias, necesidades insatisfechas y áreas de crecimiento potencial. Amplía esta investigación para incluir mercados potenciales, analizando factores como tamaño, rentabilidad, barreras de entrada y la presencia de competidores.
- Comprensión del Cliente. Entender profundamente a los clientes actuales y potenciales es fundamental. Utiliza herramientas como encuestas, grupos focales y análisis de datos para recoger información sobre sus necesidades, preferencias y comportamientos de compra.
- Evaluación de la Competencia. Conoce a tus competidores, tanto directos como indirectos. Analiza sus fortalezas y debilidades, estrategias, cuota de mercado y cualquier brecha en sus ofertas que tu empresa pueda capitalizar.

- Uso de Datos y Análisis Predictivo. Utiliza análisis de datos y herramientas predictivas para anticipar tendencias de mercado y cambios en el comportamiento del consumidor. Esto puede revelar oportunidades en mercados emergentes o en nichos de mercado desatendidos.
- Consulta con Expertos y Alianzas Estratégicas. Aprovecha el conocimiento de consultores de mercado, analistas y otros expertos en la industria. Considera también formar alianzas estratégicas o colaboraciones para una entrada más fácil y efectiva en nuevos mercados.
- Flexibilidad y Adaptabilidad. Mantén la flexibilidad en tu estrategia para adaptarte rápidamente a los cambios en el mercado. La capacidad de pivotar o modificar tu enfoque puede ser esencial para el éxito en un entorno de mercado dinámico.
- Consideraciones Éticas y de Sostenibilidad: Evalúa cómo tu entrada en un nuevo mercado se alinea con los valores y prácticas éticas de tu empresa, incluyendo la sostenibilidad y el impacto social.
- Revisión y Ajuste Continuo: Finalmente, el proceso de selección de mercado es continuo. Revisa y ajusta regularmente tu estrategia basándote en el rendimiento del mercado, los cambios en el entorno empresarial y los nuevos insights obtenidos.

Implementar estas mejores prácticas proporcionará una base sólida para tomar decisiones informadas y estratégicas sobre en qué mercado competir, maximizando las posibilidades de éxito y crecimiento sostenible de la empresa.

Paso 4. Modelo para Ganar

El "Modelo para Ganar" es un componente esencial de la estrategia empresarial, definiendo cómo una empresa planea competir y ganar en su mercado elegido. Este modelo encapsula la propuesta de valor única de la empresa y las características distintivas que la diferencian de sus competidores, estableciendo las bases para obtener una ventaja competitiva sostenible.

Propuesta de Valor Única

El núcleo del Modelo para Ganar es una propuesta de valor clara y convincente que responde a las necesidades y deseos específicos de los clientes. Esta debe ser relevante y atractiva para el mercado objetivo, ofreciendo soluciones que sean perceptiblemente mejores, diferentes o más valiosas que las de la competencia. Puede centrarse en diversos aspectos, como la calidad superior del producto, un servicio excepcional al cliente, innovación tecnológica, precios competitivos, o una experiencia de usuario inigualable.

Características Diferenciadoras

Lo que realmente distingue al Modelo para Ganar son las características únicas que la empresa ofrece. Esto puede incluir tecnología patentada, métodos de producción eficientes, conocimientos especializados, alianzas estratégicas exclusivas, o una fuerte marca y reputación. Estas características deben ser tales que no puedan ser fácilmente replicadas o igualadas por los competidores, creando barreras de entrada significativas en el mercado.

Ganar en el Mercado

El éxito del Modelo para Ganar depende de cómo la empresa lo ejecuta en el mercado. Esto implica no solo tener una propuesta de valor y características diferenciadoras, sino también la capacidad para implementarlas de manera eficiente y efectiva. La empresa debe excel en la ejecución de su modelo, ya sea a través de la innovación continua, la excelencia operativa, la agilidad estratégica o un enfoque inquebrantable en el cliente.

Ventaja Competitiva

El objetivo final del Modelo para Ganar es establecer y mantener una ventaja competitiva. Esto significa que la empresa debe ser capaz de sostener su propuesta de valor y características diferenciadoras a lo largo del tiempo, adaptándose a los cambios del mercado y a las evoluciones en las necesidades de los clientes, mientras mantiene su singularidad y relevancia.

Inimitabilidad y Desempeño de Alto Nivel

Para que el Modelo para Ganar sea verdaderamente efectivo, debe ser inimitable. Esto requiere una combinación de recursos, habilidades, cultura y estrategias que sean únicos para la empresa. Además, la empresa debe comprometerse a desempeñar este modelo al más alto nivel posible, asegurando la excelencia y la mejora continua en todas sus operaciones y puntos de contacto con el cliente.

El Modelo para Ganar es un marco estratégico que define cómo una empresa pretende distinguirse y sobresalir en el mercado. Al desarrollar y ejecutar un modelo que es tanto único como inimitable, y al hacerlo con un alto nivel de competencia, las empresas pueden asegurar una posición sólida y ventajosa en su entorno competitivo.

Varios ejemplos de empresas reconocidas ilustran cómo un Modelo para Ganar eficaz puede llevar al éxito en el mercado:

Apple Inc.

- Propuesta de Valor: Innovación y diseño de alta calidad.
- Características Diferenciadoras: Integración perfecta de hardware y software, diseño icónico, y un ecosistema cerrado de productos y servicios.
- Ejecución: Excelencia en el diseño de productos, experiencia de usuario superior, y una fuerte identidad de marca.
- Ventaja Competitiva: Innovación continua y lealtad de los clientes.

Amazon.com

- Propuesta de Valor: Conveniencia, amplia selección de productos y entrega rápida.
- Características Diferenciadoras: Infraestructura logística avanzada, tecnología de inteligencia artificial para recomendaciones personalizadas, y una plataforma de comercio electrónico líder en el mercado.
- Ejecución: Eficiencia operativa, adaptación a las necesidades del cliente, y expansión en nuevos mercados y servicios.

- Ventaja Competitiva: Experiencia de compra simplificada y capacidad de entrega rápida.

Tesla, Inc.

- Propuesta de Valor: Vehículos eléctricos innovadores y sostenibles.
- Características Diferenciadoras: Tecnología avanzada de baterías, software de conducción autónoma, y un enfoque en la sostenibilidad energética.
- Ejecución: Desarrollo constante de nuevas tecnologías y modelos de vehículos, y expansión de la infraestructura de carga.
- Ventaja Competitiva: Liderazgo en innovación en el mercado de vehículos eléctricos.

Starbucks

- Propuesta de Valor: Experiencia de café premium y ambiente de tienda acogedor.
- Características Diferenciadoras: Calidad del café, consistencia en la experiencia del cliente, y una marca fuerte.
- Ejecución: Expansión global, mantenimiento de alta calidad y servicio al cliente.
- Ventaja Competitiva: Reconocimiento de marca y lealtad del cliente.

Cada uno de estos ejemplos muestra cómo las empresas han desarrollado un Modelo para Ganar distintivo que no solo se alinea con sus fortalezas y capacidades, sino que también responde efectivamente a las demandas y oportunidades del mercado. Estos modelos han permitido a estas empresas no solo competir, sino liderar en sus respectivos sectores.

Paso 5. Capacidades Organizacionales

Las capacidades organizacionales son fundamentales para el éxito y la sostenibilidad de cualquier empresa, especialmente en el contexto de ejecutar su Modelo para Ganar. Estas capacidades son una combinación sinérgica de procesos, talento y tecnología, cada uno desempeñando un papel crucial en la habilitación y optimización de la estrategia empresarial.

Procesos

Los procesos eficientes y bien estructurados son la columna vertebral de las capacidades organizacionales. Estos procesos deben ser diseñados no solo para maximizar la eficiencia y la productividad, sino también para ser flexibles y adaptables a los cambios en el entorno de mercado. Procesos robustos permiten una ejecución consistente del Modelo para Ganar, asegurando que todas las actividades estén alineadas con los objetivos estratégicos de la empresa.

Talento

El talento en una organización abarca las habilidades, conocimientos y experiencia de su gente. Para que el Modelo para Ganar se ejecute al más alto nivel, la empresa necesita contar con un equipo competente y comprometido. Esto implica no solo tener las habilidades adecuadas, sino también fomentar una cultura que valore la innovación, la colaboración y el aprendizaje continuo. El desarrollo del talento debe estar alineado con las necesidades estratégicas, asegurando que los empleados puedan contribuir efectivamente a la visión y metas de la empresa.

Tecnología

En la era actual, la tecnología es un facilitador clave de las capacidades organizacionales. La integración de tecnologías avanzadas puede mejorar significativamente la eficiencia, la toma de decisiones y la innovación. La empresa debe evaluar y adoptar tecnologías que respalden sus procesos y talento, desde sistemas de información hasta herramientas de colaboración y plataformas de análisis de datos.

Para que el Modelo para Ganar funcione efectivamente, la empresa debe identificar y desarrollar de 3 a 5 capacidades organizacionales clave que sean críticas para su estrategia. Estas capacidades deberían ser las que la empresa puede y debe desempeñar al más alto nivel para diferenciarse en el mercado. Podrían incluir, por ejemplo, excelencia en servicio al cliente, agilidad en la innovación de productos, eficiencia operativa, capacidad analítica avanzada, o liderazgo en sostenibilidad.

La selección de estas capacidades prioritarias debe basarse en un análisis de las fortalezas internas de la empresa, las demandas del mercado y los objetivos estratégicos. Una vez identificadas, la empresa debe comprometer recursos significativos para desarrollar y mantener estas capacidades, asegurando que sean robustas, competitivas y alineadas con su Modelo para Ganar. Esta concentración en capacidades clave no solo fortalece la ejecución de la estrategia, sino que también posiciona a la empresa para adaptarse y prosperar en un entorno de negocios dinámico y competitivo.

Una vez que una empresa define las capacidades organizacionales clave requeridas para implementar su Modelo para Ganar, es crucial realizar una evaluación exhaustiva de hasta qué punto estas capacidades ya existen dentro de la organización y en qué medida necesitan ser desarrolladas.

Esta evaluación debe ser un proceso honesto y crítico, identificando las áreas donde la empresa sobresale, así como aquellas donde existen deficiencias significativas. Es probable que algunas capacidades ya estén bien desarrolladas, aprovechando las fortalezas existentes de la empresa. Estas capacidades deben ser mantenidas y potenciadas para asegurar su continuo alineamiento y efectividad en relación con los objetivos estratégicos. Por otro lado, habrá capacidades que la empresa necesitará desarrollar o mejorar.

Para estas, se debe elaborar un plan concreto que aborde cómo y cuándo se logrará el nivel deseado de competencia en estas áreas. Este plan puede incluir la formación y el desarrollo de habilidades, la inversión en nuevas tecnologías, la reestructuración de procesos o la contratación de nuevo talento. El objetivo es garantizar que la empresa no solo reconozca sus capacidades actuales, sino que también tome medidas proactivas para desarrollar aquellas que son críticas para su éxito a largo plazo en el mercado.

Es esencial que las empresas reevalúen de manera crítica si realmente pueden desarrollar fielmente estas capacidades o si, por el contrario, necesitarán modificar su Modelo para Ganar y su Horizonte Estratégico Deseado. Es común que, al llegar a este punto, muchas organizaciones se vean obligadas a ajustar sus aspiraciones o a realizar cambios en su estrategia para alinearla con sus capacidades reales. Por ejemplo, si una empresa identifica la innovación y el desarrollo tecnológico como una capacidad clave, pero carece de los recursos necesarios para implementarla efectivamente, o si el desarrollo de esta capacidad requiere un plazo mucho más largo del anticipado, entonces deberá reconsiderar si su objetivo de ser pionera en el desarrollo de nuevos productos es realmente alcanzable en el marco temporal establecido.

Esta situación conduce a una reflexión estratégica sobre la viabilidad de las metas propuestas y, en muchos casos, obliga a las empresas a redefinir sus aspiraciones y su modelo de negocio para asegurar que sean realistas y alcanzables. Esta revisión y ajuste continuos son vitales para garantizar que la estrategia de la empresa no solo sea ambiciosa, sino también realista y basada en una evaluación honesta de sus capacidades y recursos actuales.

Algunos ejemplos de empresas con sus capacidades organizacionales más destacadas:

Google (Alphabet Inc.)

- Innovación Tecnológica. Google es conocido por su continua innovación en el campo de la tecnología de la información, particularmente en motores de búsqueda, publicidad en línea y soluciones de inteligencia artificial.

- Gestión del Talento y Cultura Organizacional. La empresa es famosa por atraer y retener a algunos de los talentos más brillantes del mundo, ofreciendo un entorno de trabajo estimulante, creativo y flexible.
- Análisis de Datos y Toma de Decisiones Basada en Datos. Google utiliza su capacidad para analizar grandes conjuntos de datos para mejorar sus productos y personalizar la experiencia del usuario.

Apple Inc.

- Diseño de Producto e Innovación. Apple ha establecido durante mucho tiempo una reputación por su diseño de producto superior y su enfoque en la innovación constante, especialmente en dispositivos electrónicos como iPhones, iPads y MacBooks.
- Gestión de la Cadena de Suministro y Eficiencia Operativa. La empresa gestiona una de las cadenas de suministro más complejas y eficientes del mundo, manteniendo altos estándares de calidad y tiempo de entrega. Recientemente diseño e introdujo el chip electrónico propietario con la intención de controlar su desarrollo y abastecimiento.
- Marketing y Construcción de Marca. Apple es conocida por su marketing efectivo y la creación de una marca sólida y deseable, generando una lealtad significativa entre los consumidores.

Amazon.com

- Logística y Gestión de la Cadena de Suministro. Amazon ha revolucionado la logística del comercio electrónico, ofreciendo entrega rápida y eficiente, lo que es central para su modelo de negocio.
- Orientación al Cliente y Servicios. La empresa pone un gran énfasis en la satisfacción del cliente, desde la facilidad de uso de su plataforma en línea hasta su política de devoluciones y atención al cliente.
- Innovación y Diversificación de Negocios. Amazon no solo lidera en comercio electrónico, sino que también ha innovado y diversificado en áreas como computación en la nube (a través de Amazon Web Services), entretenimiento (Amazon Prime Video) y tecnología de inteligencia artificial (Alexa).

Cada una de estas empresas demuestra cómo la combinación efectiva de diversas capacidades organizacionales puede conducir a un éxito sustancial en sus respectivos mercados.

Como ves en los ejemplos, las capacidades organizacionales varían dependiendo de la industria, el modelo de negocio y la estrategia de cada empresa. Aquí tienes 15 capacidades organizacionales que pueden ser fundamentales para el éxito de una organización:

- Innovación y Desarrollo Tecnológico: Capacidad para desarrollar nuevos productos y servicios.
- Excelencia en Servicio al Cliente: Proporcionar un servicio al cliente excepcional y atención posventa.
- Eficiencia Operativa: Optimizar procesos internos para maximizar la productividad y reducir costos.
- Gestión del Talento: Atraer, retener y desarrollar a los mejores talentos.
- Liderazgo Estratégico: Habilidad para guiar, inspirar y dirigir hacia la consecución de objetivos estratégicos.
- Agilidad Organizacional: Capacidad de adaptarse rápidamente a cambios en el mercado o en el entorno operativo.
- Marketing y Branding: Crear y sostener una marca fuerte y realizar marketing efectivo.
- Manejo de la Cadena de Suministro: Eficiencia en la logística, el abastecimiento y la gestión de inventario.
- Inteligencia de Mercado y Análisis de Datos: Utilizar datos para tomar decisiones estratégicas informadas.
- Administración Financiera: Manejar eficientemente los recursos financieros y la planificación financiera.
- Control de Riesgos y Cumplimiento: Identificar y mitigar riesgos y asegurar el cumplimiento normativo.
- Desarrollo e Implementación de Tecnologías de la Información: Implementar y utilizar tecnologías para mejorar la eficiencia y la innovación.
- Gestión de la Sostenibilidad: Integrar prácticas sostenibles y responsables en las operaciones de la empresa.
- Desarrollo de Alianzas y Colaboraciones Estratégicas: Crear y mantener asociaciones clave para el crecimiento y la expansión.

- Investigación y Desarrollo (I+D): Invertir en investigación y desarrollo para mantener la ventaja competitiva en productos o servicios.

Estas capacidades, cuando se gestionan y desarrollan efectivamente, proporcionan a las empresas una ventaja competitiva significativa y sostenible en sus respectivos mercados.

Paso 6. Sistemas de Gestión

Los sistemas de gestión actúan como el motor esencial y el mecanismo operativo para implementar la estrategia de una empresa, operar su Modelo para Ganar y desarrollar sus capacidades organizacionales. Estos sistemas son críticos porque funcionan como los engranajes de acción que impulsan el motor de la empresa, asegurando que la estrategia no solo sea un plan en papel, sino una realidad vivida y efectiva.

Los sistemas de gestión proporcionan la estructura necesaria para llevar a cabo la estrategia de una empresa. Esto incluye la asignación de recursos, la gestión del desempeño y el seguimiento del progreso hacia los objetivos estratégicos. Sin un sistema de gestión sólido, incluso las estrategias más bien concebidas corren el riesgo de fracasar en la fase de implementación debido a la falta de coordinación, supervisión y ejecución adecuadas.

Los sistemas de gestión desempeñan un papel clave en hacer operativo el Modelo para Ganar. A través de estos sistemas, la empresa puede asegurarse de que todas las funciones y actividades estén alineadas con la propuesta de valor y las características diferenciadoras identificadas en el modelo. Esto puede incluir sistemas para gestionar la innovación, la experiencia del cliente, la cadena de suministro y las operaciones diarias.

Por otro lado, para que una empresa desarrolle y mantenga las capacidades necesarias para apoyar su estrategia, los sistemas de gestión deben facilitar la formación continua, la adquisición de conocimientos y la mejora de procesos. Esto puede involucrar sistemas de gestión del talento, aprendizaje y desarrollo organizacional, así como sistemas tecnológicos que permitan la eficiencia y la innovación.

Por lo tanto, es esencial que los sistemas de gestión no solo se implementen, sino que también operen de manera continua. Deben ser dinámicos y capaces de adaptarse a los cambios en el entorno empresarial, así como a las evoluciones internas de la empresa. Los sistemas de gestión eficaces son aquellos que pueden escalar, evolucionar y responder a las necesidades cambiantes de la empresa y su mercado.

Por ello, los sistemas de gestión van de la mano con los procesos clave de la empresa. Mientras que los procesos son las actividades que se realizan, los sistemas de gestión son los marcos que aseguran que estos procesos se realicen de manera efectiva y alineada con los objetivos estratégicos. Los sistemas de gestión abarcan desde la planificación estratégica y la gestión financiera hasta la gestión operativa y de recursos humanos.

Además de facilitar la ejecución, los sistemas de gestión son fundamentales para la medición y evaluación del desempeño. A través de indicadores clave de rendimiento y otros métricos, los sistemas de gestión permiten a las empresas medir su progreso, evaluar la eficacia de sus estrategias y hacer ajustes según sea necesario.

Entonces, los sistemas de gestión son vitales para operar la estrategia, ejecutar el Modelo para Ganar y desarrollar capacidades organizacionales. Son los engranajes que mantienen el motor de la empresa en movimiento, asegurando que la estrategia se traduzca en acciones concretas y resultados medibles. Una gestión eficaz es sinónimo de una estrategia bien ejecutada, lo que a su vez es crucial para el éxito y la sostenibilidad a largo plazo de cualquier organización.

Algunos ejemplos de sistemas de gestión utilizados por empresas reales en las áreas de logística, manufactura y retail:

Logística: FedEx

- Sistema de Gestión de Flota: FedEx utiliza un sistema avanzado de gestión de flota que optimiza las rutas de entrega y el mantenimiento de vehículos para maximizar la eficiencia y reducir los costos.
- Sistema de Seguimiento y Trazabilidad: Este sistema permite a FedEx y a sus clientes rastrear paquetes en tiempo real, mejorando la transparencia y la satisfacción del cliente.

Manufactura: Toyota

- Sistema de Producción Toyota (Toyota Production System, TPS): Este sistema es famoso por su enfoque en la eficiencia, la reducción de desperdicios y la mejora continua, siendo un pilar en la manufactura esbelta.
- Sistema de Gestión de Calidad: Toyota implementa un riguroso sistema de gestión de calidad que asegura que cada vehículo cumpla con los estándares más altos, lo que ha sido crucial para su reputación de fiabilidad.

Retail: Walmart

- Sistema de Gestión de Inventario: Walmart utiliza un sistema sofisticado de gestión de inventario que integra la información de las ventas en tiempo real con el reabastecimiento de stock, asegurando la disponibilidad de productos y minimizando el exceso de inventario.
- Sistema de Gestión de la Cadena de Suministro: Este sistema coordina eficientemente la logística desde los proveedores hasta los centros de distribución y las tiendas, optimizando la entrega de productos y reduciendo los costos operativos.

Cada uno de estos ejemplos demuestra cómo los sistemas de gestión específicos pueden ser vitales para el éxito de las empresas en diferentes sectores. Estos sistemas no solo mejoran la eficiencia operativa, sino que también juegan un papel crucial en la entrega de valor al cliente y en el mantenimiento de la competitividad en el mercado.

Aunque una empresa puede implementar una amplia gama de sistemas de gestión, es crucial que priorice aquellos que tienen un impacto directo en su Modelo para Ganar y en el desarrollo de sus capacidades organizacionales. Esta priorización asegura que los recursos limitados de la empresa, tanto en términos de tiempo como de inversión, se dediquen a los sistemas que más contribuyen a su ventaja competitiva y al logro de sus objetivos estratégicos. Al igual que con las capacidades organizacionales, cada sistema de gestión seleccionado como prioritario debe estar acompañado de un plan de acción detallado para su desarrollo y fortalecimiento. Este plan debe incluir objetivos claros, asignación de recursos, cronogramas y métricas de rendimiento para evaluar su efectividad. De esta manera, la empresa garantiza que estos sistemas no solo se implementen, sino que también evolucionen y se adapten continuamente para satisfacer las necesidades cambiantes de la organización y del mercado en el que opera. Así, los sistemas de gestión se convierten en una herramienta dinámica y esencial para el éxito sostenido y el crecimiento de la empresa.

Aquí tienes una lista de 20 posibles sistemas de gestión:

- Sistema de Gestión de Calidad (SGC): Para garantizar la calidad consistente de productos o servicios.
- Sistema de Gestión de la Cadena de Suministro: Optimización de la logística y el abastecimiento.
- Sistema de Gestión Financiera: Control y planificación de las finanzas empresariales.
- Sistema de Gestión de Recursos Humanos (SGRH): Administración de la contratación, desarrollo y retención del talento.
- Sistema de Gestión de Proyectos: Planificación y seguimiento de proyectos.
- Sistema de Gestión de Riesgos: Identificación y mitigación de riesgos empresariales.
- Sistema de Producción Esbelta: Para la mejora continua y reducción de desperdicios en manufactura.
- Sistema de Gestión Ambiental: Gestión del impacto ambiental de las operaciones de la empresa.

- Sistema de Gestión de la Innovación: Fomento y gestión de procesos innovadores.
- Sistema de Planificación de Recursos Empresariales (ERP): Integración de los procesos de negocio clave.
- Sistema de Gestión de Clientes (CRM): Administración de las relaciones y la interacción con los clientes.
- Sistema de Análisis de Datos y Business Intelligence: Para tomar decisiones basadas en datos.
- Sistema de Gestión de la Seguridad de la Información (SGSI): Protección de la información y datos empresariales.
- Sistema de Gestión de la Salud y Seguridad en el Trabajo (SGSST): Garantizar un ambiente laboral seguro.
- Sistema de Gestión de Marketing Digital: Estrategias y acciones de marketing en el ámbito digital.
- Sistema de Gestión Logística: Para la optimización de transporte y distribución de productos.
- Sistema de Gestión de Compras y Contrataciones: Administración eficiente de adquisiciones y proveedores.
- Sistema de Gestión de la Experiencia del Cliente: Estrategias para mejorar la satisfacción y lealtad del cliente.
- Sistema de Gestión de la Propiedad Intelectual: Protección y gestión de patentes, marcas y derechos de autor.
- Sistema de Gestión de Compliance o Cumplimiento Normativo: Asegurar el cumplimiento de leyes y regulaciones aplicables.

Cada uno de estos sistemas de gestión puede ser adaptado y personalizado según las necesidades específicas y el contexto de cada empresa, contribuyendo a su eficiencia, competitividad y cumplimiento normativo.

Es buena practica vaciar toda esta información en un canvas donde se pueda ver cada uno de los elementos de los fundamentales como el que se muestra en siguiente canvas.

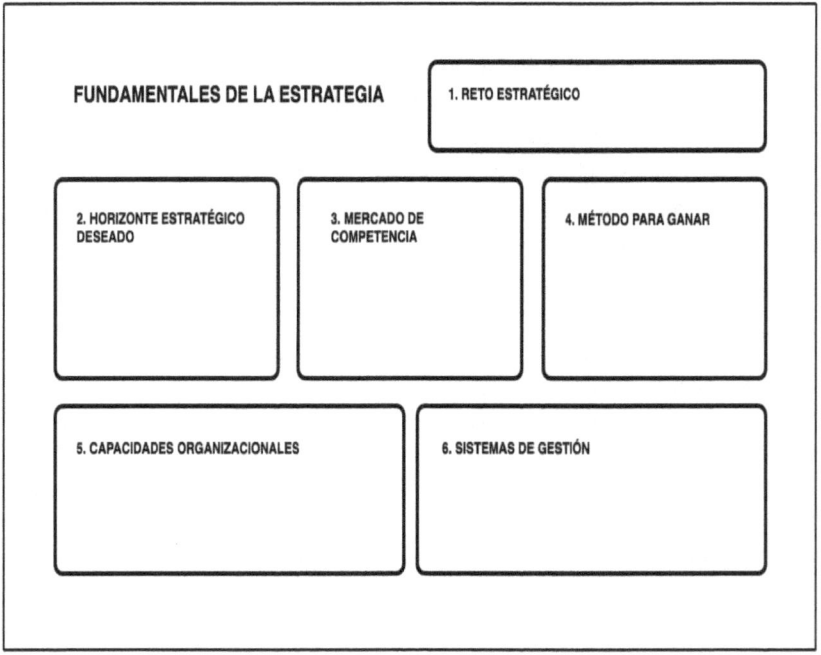

Cierre de la Fase 1 Fundamentales de la Estrategia

Hasta ahora, hemos explorado los fundamentos esenciales de la estrategia empresarial, que son cruciales para el desarrollo y la implementación exitosa de una estrategia integral. Estos elementos incluyen el Reto Estratégico, el Horizonte Estratégico Deseado, el Mercado de Competencia, el Modelo para Ganar, las Capacidades Organizacionales y los Sistemas de Gestión.

Reto Estratégico: Este es el punto de partida para la formulación de la estrategia. Identifica los desafíos y oportunidades clave a los que se enfrenta la empresa en su entorno actual y futuro. Comprender el reto estratégico es esencial para desarrollar una estrategia que sea relevante y efectiva.

Horizonte Estratégico Deseado: Representa la visión a mediano plazo de la empresa, describiendo a dónde quiere llegar y qué posición desea ocupar en el mercado. A diferencia de una visión general, el Horizonte Estratégico Deseado es más concreto y se centra en un período de 3 a 5 años.

Mercado de Competencia: Define dónde va a competir la empresa. Incluye la identificación del tipo de mercado, los clientes, la geografía, la industria y los canales. Elegir el mercado adecuado es crucial para garantizar que la empresa pueda competir eficazmente y aprovechar sus fortalezas.

Modelo para Ganar: Este es el núcleo de cómo la empresa planea lograr una ventaja competitiva en su mercado elegido. Incluye la propuesta de valor única de la empresa y las características que la diferenciarán de sus competidores. Este modelo guía todas las decisiones y acciones estratégicas.

Capacidades Organizacionales: Son las habilidades y recursos que la empresa necesita para ejecutar su Modelo para Ganar y alcanzar su Horizonte Estratégico Deseado. Incluyen una combinación de talento, procesos y tecnología. La empresa debe identificar, desarrollar y priorizar estas capacidades para asegurar su éxito.

Sistemas de Gestión: Son los mecanismos y estructuras que permiten a la empresa operar y administrar su estrategia de manera efectiva. Incluyen sistemas para la gestión de calidad, recursos humanos, finanzas, información, entre otros. Estos sistemas aseguran que la estrategia se implemente de manera coherente y eficiente.

En conjunto, estos elementos forman la base sobre la cual se construirán posteriormente los objetivos e indicadores estratégicos. Son las decisiones más importantes y fundamentales que la empresa debe tomar e integrar en su estrategia. Al definir claramente estos elementos, una empresa establece una base sólida para el crecimiento, la adaptabilidad y el éxito a largo plazo.

Parte Cuatro:
Fase 2. Medición de la Estrategia

Tras haber establecido los fundamentales de la estrategia empresarial, el siguiente paso crucial es la generación de objetivos e indicadores estratégicos. Esta fase representa una transición de una visión de alto nivel a una perspectiva más detallada y concreta. Si consideramos la fase anterior como un vuelo a 30 mil pies de altura, en esta etapa comenzamos a descender, enfocándonos en definir de manera específica lo que queremos lograr a través de la estrategia.

Los objetivos son declaraciones claras y medibles de lo que la empresa planea lograr. Estos objetivos deben estar alineados directamente con el Horizonte Estratégico Deseado y el Modelo para Ganar. Deben ser específicos, medibles, alcanzables, relevantes y temporales (SMART, por sus siglas en inglés). Por ejemplo, si el Modelo para Ganar se centra en la innovación, un objetivo podría ser "lanzar X cantidad de nuevos productos al mercado en los próximos dos años". Estos objetivos sirven como hitos concretos en el camino hacia el logro de la estrategia general.

Los Key Performance Indicators (KPIs) o Indicadores Clave de Desempeño son métricas que se utilizan para evaluar el éxito en la consecución de los objetivos. Cada objetivo debe estar acompañado de uno o más KPIs que proporcionen una forma de medir y rastrear el progreso. Por ejemplo, en relación con el objetivo anterior, un KPI podría ser "número de nuevos productos desarrollados y lanzados al mercado cada trimestre".

La medición es un componente esencial en esta fase. Se deben establecer sistemas para recopilar, analizar y reportar regularmente los datos relacionados con los KPIs. Esta información es vital para evaluar el progreso hacia los objetivos y, si es necesario, realizar ajustes en la estrategia. La medición efectiva garantiza que la empresa no solo establezca objetivos, sino que también tome acciones concretas para alcanzarlos.

Aunque ahora estamos descendiendo hacia una mayor especificidad, es esencial mantener una conexión clara con los fundamentales de la estrategia. Los objetivos e indicadores deben reflejar y apoyar el Reto Estratégico, el Horizonte Estratégico Deseado, el Mercado de Competencia, el Modelo para Ganar, las Capacidades Organizacionales y los Sistemas de Gestión. Esta alineación asegura coherencia y foco en toda la estrategia.

Aunque en esta fase todavía no "aterrizamos el avión" completamente, nos estamos preparando para la implementación práctica de la estrategia. Los objetivos e indicadores actúan como guías detalladas para las acciones que se llevarán a cabo en las siguientes etapas. Facilitan la transición de la planificación estratégica a la ejecución táctica.

La definición de objetivos e indicadores es un paso descendente esencial en el diseño de la estrategia. Nos lleva de una visión general a un enfoque más específico y medible, preparando el terreno para la implementación y el éxito de la estrategia empresarial. Estos elementos proporcionan el norte y la claridad necesaria para avanzar con confianza y precisión hacia los objetivos estratégicos de la empresa.

Objetivos Estratégicos

Los objetivos estratégicos son esenciales en la planificación y el éxito de cualquier empresa, ya que establecen metas claras y específicas alineadas con su visión y estrategia global. Estas metas no solo proporcionan una dirección y un enfoque definidos para las actividades empresariales, sino que también son cruciales para motivar y comprometer a los empleados. Además, ofrecen un medio para medir el progreso y facilitar la toma de decisiones basada en datos.

La formulación de objetivos estratégicos requiere un enfoque cuidadoso y considerado. Deben ser específicos y claros, evitando ambigüedades; medibles, para que el progreso pueda ser rastreado y evaluado; alcanzables, realistas y realizable con los recursos disponibles; relevantes, en línea con la visión y misión de la empresa; y temporales, establecidos dentro de un marco de tiempo definido. Este proceso suele involucrar un análisis detallado de los entornos internos y externos de la empresa, una comprensión clara de sus capacidades y un examen de sus recursos.

En cuanto a la cantidad de objetivos estratégicos que una empresa debe tener, es vital evitar la sobrecarga. Demasiados objetivos pueden dispersar los esfuerzos y recursos, mientras que muy pocos pueden no capturar adecuadamente la amplitud de la ambición de la empresa.

Por lo general, se recomienda tener entre tres y cinco objetivos estratégicos. Esta cantidad permite mantener el enfoque y la claridad, asegurando al mismo tiempo que los objetivos son suficientemente abarcadores para impulsar el éxito empresarial.

Los objetivos estratégicos son una parte integral de la estrategia de una empresa, proporcionando dirección, motivación, y un medio para medir el progreso. Deben ser formulados con cuidado y en cantidad óptima para garantizar que sean tanto motivadores como realistas y manejables. Su alineación con la visión y estrategia general de la empresa es crucial para el éxito a largo plazo.

Ejemplos de empresas reconocidas y algunos de sus posibles objetivos estratégicos:

1. Microsoft

Expansión en la Computación en la Nube: Fortalecer su presencia en el mercado de servicios en la nube, compitiendo directamente con líderes como Amazon Web Services y Google Cloud.

Crecimiento en el Segmento de Dispositivos Móviles y Tablets: Incrementar su participación en el mercado de dispositivos móviles y tablets, compitiendo con Apple y fabricantes de dispositivos Android.

2. Coca-Cola

Diversificación de Productos: Ampliar su cartera de productos más allá de las bebidas carbonatadas para incluir opciones más saludables como agua embotellada, tés y bebidas deportivas.

Sostenibilidad y Responsabilidad Ambiental: Mejorar la sostenibilidad en sus operaciones, con especial enfoque en el reciclaje y la reducción de la huella de carbono.

3. Tesla, Inc.

Aceleración de la Transición a la Energía Sostenible: Desarrollar y comercializar vehículos eléctricos y soluciones de almacenamiento de energía para acelerar la transición hacia energías renovables.

Expansión Global: Incrementar su presencia en mercados internacionales, con énfasis en Europa y Asia, para consolidar su posición como líder en la industria de vehículos eléctricos.

Como puedes observar la redacción de los objetivos ejemplo es un tanto generale, sin embargo dan norte de hacia lo que importa para la empresa. Es en los indicadores donde se establecen las métricas y los atributos a considerar.

Cada uno de estos objetivos refleja no solo las aspiraciones y estrategias de estas empresas, sino también su respuesta a las tendencias y desafíos del mercado global. Estos objetivos estratégicos son esenciales para guiar sus decisiones y acciones a largo plazo.

Es importante considerar que los objetivos estratégicos deben emanar directamente de los fundamentales de su estrategia, es decir, deben estar intrínsecamente vinculados y alineados con el Horizonte Estratégico Deseado, el Mercado de Competencia, el Modelo para Ganar, las Capacidades Organizacionales y los Sistemas de Gestión. Esta conexión asegura que los objetivos no solo reflejen la dirección a largo plazo y las aspiraciones de la empresa, sino que también sean realizables y relevantes en el contexto de sus capacidades y el entorno en el que opera. Al derivar los objetivos estratégicos de estos elementos fundamentales, la empresa garantiza una coherencia integral en su enfoque, donde cada objetivo actúa como un paso concreto hacia la realización de su visión y estrategia global. Este enfoque garantiza que todos los aspectos de la estrategia estén interconectados y que el esfuerzo y los recursos se dirijan de manera efectiva hacia los fines más cruciales de la organización.

El Balanced Scorecard Como Herramienta

El Balanced Scorecard (BSC), desarrollado por Robert Kaplan y David Norton a principios de los años 90, es un framework efectivo para la formulación de objetivos estratégicos. Este sistema surgió como una herramienta para mejorar los métodos tradicionales de medición del rendimiento empresarial, que se centraban excesivamente en los indicadores financieros. El BSC proporciona un enfoque más equilibrado y completo, considerando múltiples perspectivas que son fundamentales para el éxito de una organización.

El Balanced Scorecard se divide en cuatro perspectivas clave: Financiera, Cliente, Procesos Internos y Aprendizaje y Crecimiento. Cada una de estas perspectivas ayuda a las empresas a considerar su estrategia desde diferentes ángulos, asegurando un enfoque holístico. En la perspectiva Financiera, se definen objetivos relacionados con la rentabilidad y crecimiento económico. En la de Cliente, los objetivos se centran en la satisfacción y lealtad del cliente, así como en la cuota de mercado. La perspectiva de Procesos Internos aborda la eficiencia y calidad de los procesos operativos internos, mientras que Aprendizaje y Crecimiento se enfoca en el desarrollo del capital humano, la innovación y la mejora continua.

En el caso de mi practica, ha funcionado incluir una quinta perspectiva denominada Mercados, la cual ubico a la misma altura que clientes. Esto permite diferenciar los objetivos que van enfocados a los clientes y lo que se espera lograr en los mercados. Asi que esto nos da un armado de un BSC de 5 perspectivas.

Frecuentemente, surge la duda sobre la cantidad ideal de objetivos a establecer. Aunque no hay una norma fija, mi experiencia sugiere que es efectivo establecer entre uno y tres objetivos estratégicos por cada perspectiva del Balanced Scorecard. Establecer más objetivos de los recomendados puede conducir a la inclusión de objetivios más tácticos o específicas de los departamentos, en lugar de objetivos estratégicos amplios. Es habitual que durante las sesiones de definición de objetivos se invierta tiempo discutiendo qué objetivos deberían calificar como estratégicas y cuáles deberían omitirse del mapa estratégico. No obstante, a medida que se avanzan en las sesiones de revisión de avance, suele clarificarse cuáles objetivos merecen permanecer en el mapa y cuáles no. Por lo tanto, mi consejo es evitar dilatar la discusión inicial y concentrarse en perfeccionar los objetivos a medida que se procede con su medición y seguimiento.

Al utilizar el Balanced Scorecard para generar objetivos estratégicos, las empresas pueden asegurarse de que sus metas no solo sean financieramente sólidas, sino también equilibradas en términos de satisfacer las necesidades de los clientes, mejorar los procesos internos y fomentar el crecimiento y desarrollo organizacional.

Este enfoque integral facilita la alineación de los objetivos a corto y largo plazo con la visión y estrategia global de la empresa, proporcionando un marco claro y estructurado para la planificación estratégica y la medición del rendimiento.

Asi que, utilizaremos esta herramienta como guía para el armado de los objetivos estratégico, y su integración en una visualización la denominamos "Mapa Estratégico".

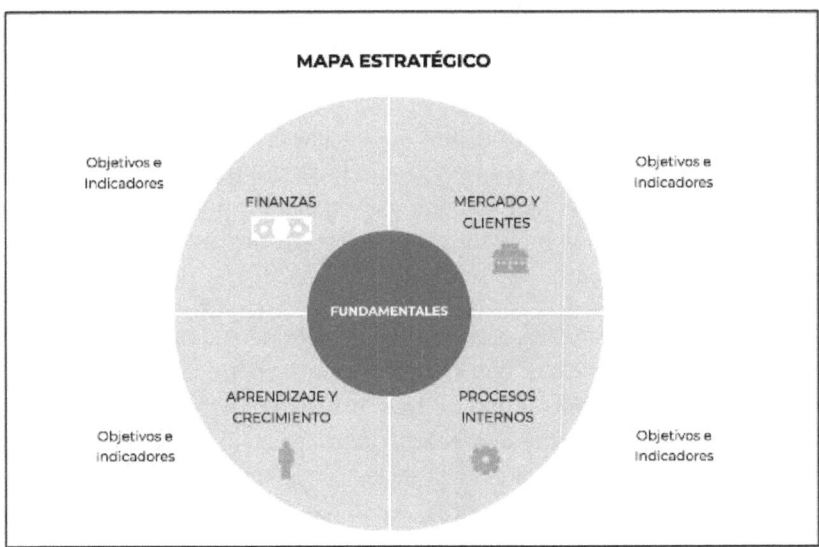

Para dar norte a que tipos de objetivos incluir, pondremos de ejemplo una empresa agroindustrial.

Perspectiva Financiera:

- Incrementar Ingresos por Nuevos Productos
- Reducción de Costos Operativos
- Mejorar el Retorno sobre la Inversión (ROI)

Perspectiva del Cliente:

- Aumentar la Satisfacción del Cliente
- Expandir la Base de Clientes
- Fortalecimiento de la Lealtad de Marca

Perspectiva de Mercados:

- Expandirse a Mercados Nuevos
- Lograr Consolidarse en el Mercado Actual

Perspectiva de Procesos Internos:

- Optimización de la Cadena de Suministro
- Incrementar la Eficiencia de la Producción
- Mejora en la Gestión de Riesgo

Perspectiva de Aprendizaje y Crecimiento:

- Desarrollo de Capacidades del Personal
- Innovación en Productos y Servicios
- Fomentar una Cultura de Mejora Continua

Puedes utilizar un canvas para integrar el mapa estratégico como el que se muestra a continuación como ejemplo hipotético para una empresa de construcción:

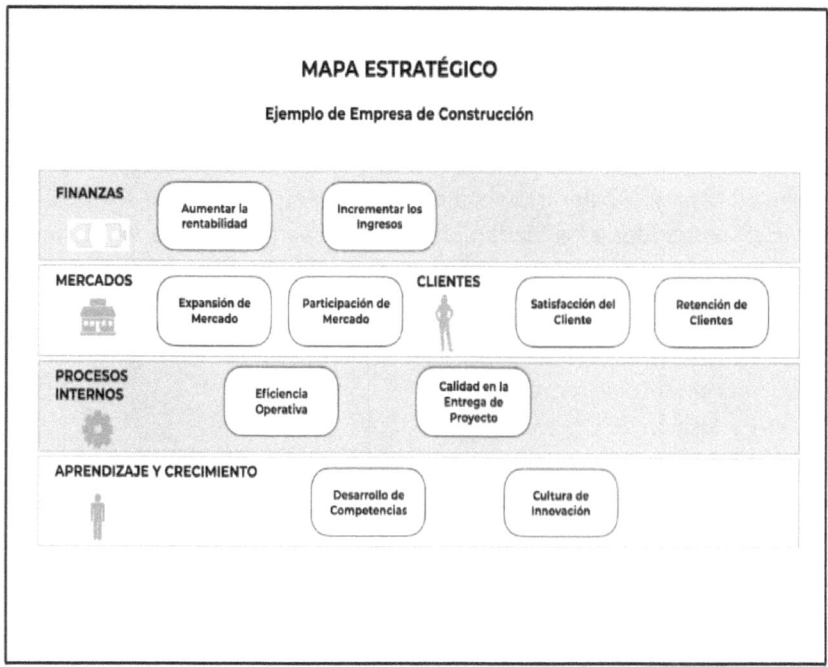

Objetivos Estratégicos vs Objetivos Operativos

A menudo, existe una confusión común entre los objetivos estratégicos y los objetivos operativos o a nivel de departamento en una empresa. Los objetivos estratégicos son aquellos de más alto nivel dentro de la estrategia de la organización, enfocados en metas a largo plazo que buscan alcanzar la visión y misión globales de la empresa. Por ejemplo, un objetivo estratégico podría ser "aumentar la participación de mercado en los próximos cinco años". Por otro lado, los objetivos operativos son más específicos y a corto plazo, relacionados con las operaciones diarias y el rendimiento de departamentos individuales. Un ejemplo de un objetivo operativo podría ser "reducir el tiempo de respuesta al cliente en el próximo trimestre" o "aumentar la eficiencia de producción en seis meses". Mientras que los objetivos estratégicos establecen la dirección y las prioridades a gran escala, los objetivos operativos se centran en la implementación específica y táctica de estas estrategias a nivel más detallado y concreto. Entender esta diferencia es crucial para una planificación efectiva y para asegurar que los esfuerzos en todos los niveles de la organización estén alineados y contribuyan al logro de los objetivos globales de la empresa.

Lista Ejemplo de Objetivos Estratégicos

Para extener los ejemplos de posibles objetivos estratégicos, te muestro la siguiente lista. Considerarlos como meros ejemplos, ya que los objetivos deben de responder a los fundamentales de la estrategia que ya derfinimos anteriormente.

Financiera

- Incremento de Ingresos
- Reducción de Costos
- Mejora del ROI
- Aumento del Margen Bruto
- Gestión de Deuda Efectiva

Mercados

- Expansión Geográfica
- Penetración en Nuevos Mercados
- Diversificación de Productos/Servicios
- Alianzas Estratégicas y Joint Ventures
- Desarrollo de Mercados Nicho

Cliente

- Mejora de Satisfacción del Cliente
- Expansión de la Base de Clientes
- Aumento de la Fidelización
- Desarrollo de Nuevos Segmentos de Mercado
- Optimización de la Experiencia del Cliente

Procesos Internos

- Optimización de la Cadena de Suministro
- Mejora de la Eficiencia Productiva
- Innovación en Procesos
- Reducción del Tiempo de Ciclo
- Gestión de Calidad Total

Aprendizaje y Crecimiento

- Capacitación y Desarrollo del Personal
- Impulso a la Innovación
- Fomento de la Cultura Organizacional
- Mejora en la Gestión del Conocimiento
- Desarrollo de Líderes Internos

Indicadores Estratégicos

Los Indicadores Clave de Desempeño (KPIs, por sus siglas en inglés) actúan como herramientas de medición para los objetivos estratégicos. Estos indicadores proporcionan una manera cuantificable y objetiva de evaluar el progreso hacia el logro de los objetivos establecidos.

Lo interesante de los KPIs es que, aunque diferentes empresas puedan tener objetivos similares, los indicadores específicos y las metas utilizadas para medir el progreso hacia estos objetivos pueden variar significativamente de una organización a otra.

Por ejemplo, dos empresas podrían tener el objetivo estratégico común de "mejorar la satisfacción del cliente", pero una podría medirlo a través del "Net Promoter Score (NPS)", que mide la probabilidad de que los clientes recomienden sus productos o servicios, mientras que la otra podría usar "tiempo de respuesta al cliente" como su KPI principal. Además, incluso cuando las empresas utilizan el mismo KPI, las metas específicas pueden diferir. Una empresa podría apuntar a mejorar su NPS en un 10%, mientras que otra podría buscar un incremento del 20%.

La selección de KPIs adecuados y la definición de metas realistas pero desafiantes es crucial. Los KPIs deben estar alineados estrechamente con los objetivos estratégicos de la empresa y ser lo suficientemente sensibles como para reflejar cambios y progresos reales en esos objetivos. También deben ser medibles y proporcionar una base clara para tomar decisiones informadas y oportunas.

Los KPIs son más que simples números; son reflejos de la estrategia de la empresa en acción. Permiten a las organizaciones traducir sus ambiciones y planes estratégicos en parámetros concretos y medibles, proporcionando una forma clara y coherente de rastrear el éxito y guiar la toma de decisiones hacia la mejora continua.

Para la empresa agroindustrial mencionada anteriormente, con sus objetivos estratégicos definidos en el marco del Balanced Scorecard, los KPIs específicos podrían incluir una variedad de medidas cuantitativas y cualitativas. Por ejemplo, en la perspectiva financiera, si uno de los objetivos es "Incrementar Ingresos por Nuevos Productos", un KPI podría ser el "Porcentaje de Ingresos Generados por Nuevos Productos".

En la perspectiva del cliente, para el objetivo de "Mejora de Satisfacción del Cliente", un KPI útil sería el "Índice de Satisfacción del Cliente". En cuanto a los procesos internos, si el objetivo es "Optimización de la Cadena de Suministro", un KPI apropiado podría ser "Tiempo Promedio de Entrega de Productos".

Para la perspectiva de aprendizaje y crecimiento, con un objetivo como "Capacitación y Desarrollo del Personal", un KPI relevante sería "Horas de Formación por Empleado". Finalmente, en la perspectiva de mercados, para un objetivo como "Expansión Geográfica", un KPI podría ser "Número de Nuevos Mercados Internacionales Ingresados". Cada uno de estos KPIs ofrece una forma concreta y medible de evaluar el progreso de la empresa hacia sus objetivos estratégicos, asegurando que sus acciones estén firmemente alineadas con su estrategia global.

Atributos de los KPI´s

Los KPIs son herramientas fundamentales para medir el rendimiento y el progreso hacia los objetivos estratégicos de una empresa. Para que sean efectivos, deben poseer ciertos atributos clave, cada uno con su propósito específico:

Descripción Detallada: Cada KPI debe tener una descripción clara y precisa que explique qué mide, por qué es importante y cómo se relaciona con los objetivos estratégicos.

Dueño o Líder del Indicador: Debe asignarse una persona responsable del KPI, quien será el encargado de garantizar que se mida correctamente y que las acciones necesarias se realicen para alcanzar la meta.

Reportero: Es la persona encargada de recopilar y reportar los datos del KPI. Puede ser la misma que el dueño del indicador o alguien designado para esta tarea.

Unidad de Medida: Cada KPI debe tener una unidad de medida clara, como porcentaje, unidades monetarias, horas, etc., para cuantificar el progreso o el rendimiento.

Frecuencia de Medición y Reporteo: Se debe definir con qué frecuencia se medirá y reportará el KPI (mensual, bimensual, trimestral, semestral o anual), dependiendo de la naturaleza del objetivo y la rapidez con que se espera ver cambios.

Fuente de Información: Especificar de dónde se obtendrán los datos para el KPI, asegurando que la fuente sea confiable y consistente.

Meta Anual: Definir una meta clara para el año, que sea desafiante pero alcanzable, y que contribuya a los objetivos estratégicos de la empresa.

Tipo de Meta: Determinar si la meta es normal (donde más es mejor), inversa (menos es mejor) o meta cero (donde se busca alcanzar un valor específico).

Meta Acumulada o Fija: Especificar si el KPI se medirá como una acumulación a lo largo del tiempo o como una cifra que debe alcanzarse en un momento determinado.

Fórmula Matemática: Incluir una fórmula clara y específica para calcular el indicador, asegurando que todos entiendan cómo se deriva el valor del KPI.

Para su llenado, puedes utilizar un formato como el que se muestra a continuación:

INDICADORES ESTRATÉGICOS Y SUS ATRIBUTOS

Objetivo Estratégico	Indicador Estratégico	Unidad de Medida	Dueño o Líder	Reportero	Frecuencia de Medición	Meta Anual	Tipo de Meta	Acumulada o Fija	Fórmula

Considerar todos estos atributos en la definición de un KPI es crucial para su efectividad. Garantiza que el indicador sea medible, relevante y alineado con los objetivos estratégicos de la empresa. Además, una definición clara y completa de cada KPI ayuda a evitar malentendidos y garantiza que todos en la organización comprendan cómo se mide su progreso y cómo pueden contribuir al éxito general de la empresa.

Vamos a considerar un ejemplo de un KPI para una empresa de manufactura que ilustra cómo integrar todos los atributos mencionados:

KPI: Porcentaje de Reducción de Tiempo de Inactividad en la Línea de Producción

Descripción: Este KPI mide la efectividad de las iniciativas para reducir el tiempo en que la línea de producción no está operativa, lo cual es crucial para aumentar la eficiencia y reducir los costos.

- Dueño del Indicador: Jefe de Operaciones.
- Reportero: Supervisor de la Planta de Producción.
- Unidad de Medida: Porcentaje (%).
- Frecuencia de Medición y Reporteo: Mensual.
- Fuente de Información: Datos recopilados del sistema de gestión de la producción.
- Meta Anual: Reducir el tiempo de inactividad en un 20% para fin de año.
- Tipo de Meta: Inversa (menos es mejor).
- Meta Acumulada o Fija: Acumulada (se busca una reducción acumulativa durante el año).
- Fórmula Matemática: [(Tiempo de Inactividad del Año Anterior - Tiempo de Inactividad del Año Actual) / Tiempo de Inactividad del Año Anterior] x 100.

Este KPI proporciona una visión clara de cómo la empresa está progresando en uno de sus objetivos estratégicos clave: mejorar la eficiencia operativa. Al tener cada uno de estos atributos bien definidos, la empresa puede asegurarse de que el KPI sea medido, monitoreado y reportado de manera precisa, facilitando la toma de decisiones informadas y el enfoque en acciones que contribuyan directamente a la mejora continua.

A los indicadores estratégicos se les puede asignar un peso específico, reflejando su importancia relativa en relación con el objetivo estratégico al que están vinculados. Esta ponderación permite a las empresas enfocar sus recursos y esfuerzos en las áreas que tienen mayor impacto en la consecución de sus metas.

Por ejemplo, consideremos un objetivo estratégico como "Aumentar la Eficiencia Operativa". Este objetivo podría tener tres indicadores clave: "Reducción del Tiempo de Inactividad" con un peso del 30%, "Mejora en la Velocidad de Producción" con un peso del 50%, y "Reducción de Costos Operativos" con un peso del 20%. En este caso, la "Mejora en la Velocidad de Producción" se considera el factor más crítico para aumentar la eficiencia operativa, por lo que se le asigna el mayor peso. La ponderación de estos indicadores refleja la importancia relativa de cada uno en la contribución al objetivo global y guía la asignación de recursos y la toma de decisiones en la empresa, asegurando que se preste mayor atención a los aspectos que más influyen en el logro del objetivo estratégico.

De la misma manera que existe la pregunta de cuantos objetivos estratégicos son adecuados tener dentro de un mapa estratégico, surge la duda de cuantos indicadores estratégicos tener por objetivos. Aunque tampoco existe una regla estricta, la recomendación que dimos sobre los objetivos se repite con los indicadores. Se deben tener de 1 a 3 indicadores estratégicos por objetivo estratégico. Y esto es porque tener un listado grande de indicadores eleva la complejidad del monitoreo no perdemos eficiencia en su evaluación. Asi que de 1 a 3 indicadores son una buena práctica.

North Star Metric

La "North Star Metric" es un concepto clave dentro del universo de los KPIs (Indicadores Clave de Rendimiento), representando una métrica singular de suma importancia que guía y enfoca todas las acciones y estrategias de una empresa. Esta métrica es considerada el indicador más crítico de éxito para la organización y refleja directamente el valor que la empresa proporciona a sus clientes. A diferencia de otros KPIs, la North Star Metric encapsula el núcleo de lo que hace que la empresa tenga éxito a largo plazo.

Cómo se Define la North Star Metric

La North Star Metric se define identificando el valor central que la empresa ofrece a sus clientes. Debe estar alineada estrechamente con la misión y visión de la empresa y reflejar un resultado que, cuando se mejora, impulsa el crecimiento sostenible y el éxito.

Ejemplos de North Star Metrics en Compañías Conocidas

Facebook: En sus primeros años, Facebook se enfocó en "usuarios activos diarios" como su North Star Metric, reflejando su objetivo de crear una red social altamente atractiva y de uso regular.

Airbnb: Para Airbnb, una métrica importante ha sido "noches reservadas en la plataforma", lo que refleja directamente el uso y la popularidad de su servicio de hospedaje.

Spotify: Spotify puede centrarse en "tiempo de escucha activo", lo cual es un indicador clave de la participación y satisfacción del usuario con su plataforma de streaming de música.

El enfoque en una North Star Metric ayuda a las empresas a concentrar sus esfuerzos y recursos en lo que realmente importa para el crecimiento y el éxito a largo plazo. Permite a las organizaciones tomar decisiones más coherentes y estratégicas, asegurando que todas las actividades estén alineadas con la entrega del valor central a sus clientes. Al hacer de esta métrica el punto focal, las empresas pueden fomentar un enfoque unificado y orientado a objetivos en toda la organización.

Es común que le North Star Metric se ubique dentro de la perspectiva de Clientes dentro del BSC, pero eso dependerá en su mayoría del giro de la empresa. Por ejemplo, La "North Star Metric" para una empresa de manufactura dependerá de su modelo de negocio específico, su estrategia y sus objetivos a largo plazo. Sin embargo, en general, para una empresa de manufactura, una North Star Metric eficaz podría ser algo que refleje la eficiencia operativa, la calidad del producto, la satisfacción del cliente o la rentabilidad.

Por ejemplo, podría ser algo como:

- Tasa de Cumplimiento de Pedidos a Tiempo (On-Time Delivery Rate): Esta métrica mide la proporción de pedidos entregados a los clientes en el tiempo acordado. Refleja tanto la eficiencia operativa como la satisfacción del cliente, lo cual es crítico en el ámbito de la manufactura.

- Índice de Calidad de Producto: Mide la conformidad del producto con los estándares de calidad y puede reflejar la excelencia en el proceso de fabricación, un aspecto crucial para mantener y atraer clientes.
- Eficiencia de Producción: Un indicador como "Unidades producidas por hora" o "Tiempo de ciclo de producción" podría ser crucial si la eficiencia y la maximización de la producción son los enfoques centrales de la empresa.

Elegir la North Star Metric correcta implica una comprensión profunda de lo que impulsa el valor en la empresa y de cómo este valor se alinea con las expectativas de los clientes y el éxito a largo plazo de la organización.

Indicadores Estratégicos vs OKR´s (Objective Key Results)

Los KPIs (Indicadores Clave de Rendimiento) y los OKRs (Objetivos y Resultados Clave) son dos conceptos fundamentales en la gestión empresarial, pero sirven a propósitos distintos y se utilizan de maneras diferentes. Los KPIs son métricas cuantitativas utilizadas para evaluar el rendimiento y el progreso de una organización hacia metas específicas. Por ejemplo, un KPI para una empresa de ventas podría ser "aumentar las ventas en un 20% durante el año fiscal". Los KPIs son indicadores continuos que ayudan a las empresas a medir el éxito de sus operaciones actuales.

Por otro lado, los OKRs son un marco de establecimiento de objetivos que ayuda a las empresas a definir y rastrear metas y resultados específicos. Los OKRs consisten en un objetivo, que es una meta clara y concisa, y varios resultados clave, que son hitos específicos y medibles para alcanzar ese objetivo. Por ejemplo, un OKR podría ser "Expandir al mercado europeo" (Objetivo), con resultados clave como "Establecer una sede operativa en Europa", "Aumentar las ventas en Europa en un 30%", y "Contratar un equipo local de 20 empleados".

Las empresas a menudo utilizan OKRs para establecer y comunicar claros objetivos a corto plazo y alinear los esfuerzos en toda la organización. Los OKRs son especialmente útiles para el establecimiento de metas ambiciosas y transformacionales, fomentando la innovación y el crecimiento.

Los OKRs y los KPIs pueden ser complementarios en la operación de una empresa. Mientras que los OKRs permiten establecer direcciones claras y ambiciosas para la empresa y sus equipos, los KPIs proporcionan una medición continua del rendimiento en relación con esos objetivos. Utilizados juntos, los OKRs y los KPIs pueden proporcionar una poderosa combinación de visión estratégica y seguimiento operativo, facilitando una gestión efectiva y un progreso hacia el éxito a largo plazo.

Una vez que se ha el mapa estratégico con sus objetivos, indicadores y los atributos de los indicadores, entonces se debe pasar a la generación de la iniciativas estratégicas, proyectos y planes de acción que veremos en el siguiente capítulo.

Parte Cinco:
Fase 3. Diseño de la Implementación de la Estrategia

En este capítulo revisaremos como se definen las iniciativas estratégica, proyectos estratégicos y planes de acción, componentes de la implementacioón de la estrategia. Esta fase empezamos a hacer

El diseño de iniciativas estratégicas, proyectos y planes de acción es una fase crítica en el proceso de aterrizaje de la estrategia empresarial en tareas y actividades concretas. Esta fase actúa como el puente entre la formulación de la estrategia y su ejecución efectiva, transformando los objetivos y metas de alto nivel en acciones detalladas y asignables.

Iniciativas Estratégicas

Una iniciativa estratégica es un esfuerzo amplio y de alto nivel diseñado para avanzar hacia los objetivos estratégicos clave de una empresa. Funciona como una "sombrilla" bajo la cual se agrupan varios proyectos y planes de acción. Las iniciativas estratégicas son formuladas para abordar aspectos significativos de la estrategia de la empresa, como entrar en un nuevo mercado, lanzar un nuevo producto, o transformar un proceso operativo. Son, en esencia, las grandes apuestas que la empresa hace para alcanzar sus metas a largo plazo y requieren una visión holística y una coordinación extensa.

Dentro de cada iniciativa estratégica, existen múltiples proyectos estratégicos. Estos proyectos son conjuntos de actividades con objetivos específicos, plazos definidos y recursos asignados, que contribuyen directamente a la realización de la iniciativa estratégica bajo la cual se agrupan. Por ejemplo, si la iniciativa estratégica es "expandir la presencia de la empresa en el mercado asiático", un proyecto estratégico podría ser "establecer una oficina regional en Japón".

A su vez, cada proyecto estratégico se descompone en planes de acción. Los planes de acción son las tareas y actividades concretas que se deben llevar a cabo para completar el proyecto. Incluyen detalles específicos sobre quién es responsable de cada tarea, los plazos y los recursos necesarios. Siguiendo el ejemplo anterior, un plan de acción dentro del proyecto de establecer una oficina en Japón podría ser "contratar a un gerente regional" o "identificar y asegurar una ubicación de oficina adecuada".

La iniciativa estratégica establece la dirección general y los objetivos amplios; los proyectos estratégicos definen los esfuerzos concretos y focalizados necesarios para avanzar en esa dirección; y los planes de acción detallan las tareas específicas requeridas para completar esos proyectos.

Esta estructura jerárquica asegura que la estrategia de la empresa se traduzca en acciones prácticas y manejables, facilitando la implementación y el seguimiento eficaces.

Importancia del Diseño de Iniciativas Estratégicas:

- Concreción de la Estrategia: Las iniciativas estratégicas y los proyectos convierten los objetivos estratégicos y los KPIs en actividades específicas. Sin esta concreción, los objetivos estratégicos permanecerían como metas abstractas y no serían implementables en la práctica.
- Claridad y Dirección: Establecer iniciativas claras y planes de acción proporciona a todos en la organización una comprensión precisa de lo que se necesita hacer, quién es responsable de cada tarea y cuáles son los plazos.
- Facilita la Asignación de Recursos: Permite a la empresa asignar recursos de manera efectiva, asegurando que los esfuerzos y la inversión se centren en las áreas que más contribuyen a la consecución de los objetivos estratégicos.
- Promueve la Responsabilidad: Al definir proyectos específicos y asignar líderes y equipos a cada uno, se establece un sentido de propiedad y responsabilidad que es esencial para el éxito de la estrategia.
- Permite el Seguimiento y la Medición: Con planes de acción claros, la empresa puede monitorear el progreso, medir los resultados y hacer ajustes según sea necesario, asegurando que la estrategia se mantenga relevante y efectiva.

Cómo se Diseñan las Iniciativas Estratégicas:

Las iniciativas estratégicas deben ser diseñadas en alineación con los objetivos estratégicos y KPIs de la empresa. Cada iniciativa debe tener objetivos claros, un alcance bien definido, recursos asignados y un cronograma.

Importancia de las Iniciativas

Sin una planificación y diseño adecuados de las iniciativas estratégicas, la ejecución de la estrategia se convierte en un desafío insuperable. Esta fase es donde la "teoría" de la estrategia se convierte en "práctica", y donde se pueden anticipar y mitigar posibles obstáculos y desafíos. La falta de una fase de diseño bien estructurada puede llevar a una mala asignación de recursos, confusión en cuanto a roles y responsabilidades, y, en última instancia, al fracaso en la consecución de los objetivos estratégicos.

Proyectos Estratégicos

Los proyectos estratégicos son componentes cruciales dentro de las iniciativas estratégicas de una empresa, actuando como pilares que sostienen y llevan a cabo los objetivos amplios definidos en estas iniciativas. Cada proyecto estratégico debe descomponerse en planes de acción concretos, los cuales deben incluir responsables específicos, recursos necesarios y fechas de ejecución claramente definidas. Una manera efectiva de organizar y visualizar esta información es a través de un cronograma o diagrama de Gantt, que proporciona una representación gráfica del tiempo dedicado a cada tarea y su secuencia.

Por ejemplo, consideremos una iniciativa estratégica que busca "Mejorar la Eficiencia Operativa en la Producción". Dentro de esta iniciativa, podemos tener varios proyectos estratégicos, uno de los cuales podría ser "Implementar un Sistema de Gestión de Producción Automatizado". Este proyecto estratégico se puede descomponer en los siguientes planes de acción:

- Evaluación y Selección de Software: Responsable: Jefe de Tecnología de la Información. Recursos: Equipo de TI y presupuesto para consultoría. Fecha de ejecución: Primer trimestre del año.
- Capacitación del Personal en el Nuevo Sistema: Responsable: Gerente de Recursos Humanos. Recursos: Instructores especializados, tiempo del personal para formación. Fecha de ejecución: Segundo trimestre del año.
- Implementación y Pruebas del Sistema: Responsable: Jefe de Operaciones. Recursos: Equipo de TI, operarios de producción. Fecha de ejecución: Tercer trimestre del año.

Cada una de estas acciones representa un paso necesario y bien definido hacia la realización del proyecto estratégico, contribuyendo directamente al objetivo mayor de la iniciativa estratégica. La descomposición en planes de acción permite un seguimiento y una gestión más eficaces, asegurando que cada componente del proyecto se ejecute según lo planeado y contribuya al éxito general de la iniciativa.

Tanto las iniciativas como proyectos estratégicos, se caracterizan por tener un comienzo y un fin definidos, lo que denota su naturaleza temporal. Esta delimitación temporal es crucial para la planificación efectiva y la gestión de recursos. En algunos casos, estos proyectos pueden extenderse a lo largo de varios años, especialmente si involucran complejidades significativas, grandes inversiones o el desarrollo de capacidades organizacionales.

Estos proyectos a largo plazo requieren una planificación y supervisión minuciosa para asegurar que se mantengan en curso y alineados con los objetivos estratégicos generales de la empresa. La delimitación precisa de los proyectos y planes de acción, con hitos y plazos claros, es esencial para medir el progreso, facilitar la rendición de cuentas y garantizar que cada iniciativa contribuya de manera efectiva al logro de los objetivos estratégicos a largo plazo. Sin límites bien definidos, los proyectos pueden desviarse, consumir recursos excesivos o perder su alineación con la estrategia global, lo que subraya la importancia de una planificación y gestión cuidadosas en la fase de implementación de la estrategia.

Ejemplos de Iniciativas y Proyectos para una Empresa de Salud

Para una empresa que ofrece servicios de salud, las iniciativas estratégicas y los proyectos correspondientes podrían centrarse en mejorar la calidad del servicio, expandir la cobertura, incorporar tecnología avanzada y aumentar la eficiencia operativa. A continuación, se presenta una lista de posibles iniciativas estratégicas y proyectos asociados:

Iniciativa Estratégica: Mejora de la Calidad del Servicio

- Proyecto: Implementación de Protocolos de Atención al Paciente Estándarizados - Desarrollar y aplicar procedimientos estandarizados para asegurar un alto nivel de atención.

- Proyecto: Programas de Capacitación Continua para el Personal Médico y de Enfermería - Proporcionar formación regular para actualizar y mejorar las habilidades del personal.

Iniciativa Estratégica: Expansión de Servicios y Cobertura

- Proyecto: Apertura de Nuevas Instalaciones en Áreas Subatendidas - Identificar áreas con necesidades de servicios de salud y establecer nuevas instalaciones.
- Proyecto: Desarrollo de Programas de Salud Móviles - Implementar unidades móviles para proporcionar servicios en áreas remotas o desatendidas.

Iniciativa Estratégica: Incorporación de Tecnología Avanzada

- Proyecto: Adopción de Sistemas de Registros Electrónicos de Salud - Implementar una plataforma de registros electrónicos para mejorar la gestión de la información del paciente.
- Proyecto: Integración de Tecnologías de Telemedicina - Desarrollar y ofrecer servicios de telemedicina para consultas a distancia y diagnósticos.

Iniciativa Estratégica: Aumento de la Eficiencia Operativa

- Proyecto: Optimización de Procesos Administrativos - Revisar y mejorar los procesos administrativos para aumentar la eficiencia y reducir los tiempos de espera.
- Proyecto: Implementación de Sistemas de Gestión de Inventario para Suministros Médicos - Utilizar tecnología avanzada para gestionar eficientemente el inventario de suministros médicos.

Estas iniciativas y proyectos pueden ayudar a una empresa de servicios de salud a mejorar significativamente su oferta, expandir su alcance, integrar innovaciones tecnológicas y operar de manera más eficiente, contribuyendo así a una mejor atención al paciente y a un crecimiento sostenido del negocio.

El cierre de la fase 3 de Implementación de la Estrategia marca un hito crucial en el proceso de planificación estratégica de una empresa. Durante esta fase, se abordó la generación de iniciativas estratégicas, proyectos estratégicos y planes de acción, cada uno de ellos diseñado cuidadosamente para garantizar la materialización efectiva de la estrategia de la organización. Las iniciativas estratégicas establecidas proporcionaron un marco amplio y dirigieron el enfoque hacia los objetivos a largo plazo. Dentro de estas, se desarrollaron proyectos estratégicos más específicos, los cuales desglosaron las iniciativas en tareas más manejables y concretas. Finalmente, los planes de acción detallaron aún más estos proyectos, asignando responsabilidades, recursos y plazos específicos. Este enfoque estructurado asegura que cada aspecto de la estrategia sea implementable y esté orientado hacia el logro de los objetivos estratégicos generales de la empresa. Con el cierre de esta fase, la empresa se prepara para avanzar hacia la siguiente etapa crucial: el monitoreo y la evaluación de la estrategia, donde se medirá el progreso y se harán ajustes según sea necesario para mantener el rumbo hacia el éxito.

Partes Seis:
Fase 4. Monitoreo y Evaluación de la Estrategia

El monitoreo y la evaluación de la estrategia en una empresa son procesos fundamentales que garantizan la efectividad y relevancia continua de las iniciativas estratégicas. Esta fase implica una revisión sistemática y continua del progreso hacia los objetivos estratégicos y el ajuste de la estrategia según sea necesario.

El monitoreo es un proceso continuo que implica rastrear el progreso de la empresa en relación con sus objetivos estratégicos y KPIs. Esto incluye la recopilación y análisis de datos relacionados con los indicadores clave de desempeño y la evaluación del avance de los proyectos y planes de acción. El monitoreo eficaz permite a la empresa identificar rápidamente áreas donde no se están cumpliendo los objetivos y donde pueden ser necesarios ajustes o intervenciones.

Por otro lado, la evaluación es un proceso más profundo y analítico que se lleva a cabo en intervalos regulares, como trimestralmente o anualmente. Involucra la revisión del desempeño general de la empresa en relación con su estrategia global. Durante la evaluación, la dirección y los líderes de la empresa consideran no solo los KPIs, sino también factores externos como cambios en el mercado, la competencia y el entorno económico. Este análisis ayuda a determinar si la estrategia actual sigue siendo relevante y efectiva, o si es necesario realizar cambios fundamentales.

Importancia del Monitoreo y la Evaluación

- Estos procesos permiten a la empresa adaptarse a cambios internos y externos, asegurando que la estrategia permanezca alineada con las condiciones actuales del mercado y las capacidades de la organización.
- Proporcionan información crítica que respalda la toma de decisiones estratégicas, permitiendo a la empresa actuar basándose en evidencia y no en suposiciones.
- A través de estos procesos, la empresa puede aprender de sus experiencias, ajustar sus tácticas y mejorar sus enfoques.
- Establecen un sistema de responsabilidad y transparencia en el que los líderes y empleados entienden cómo su trabajo contribuye a los objetivos estratégicos más amplios.

Ciclos de Revisión de la Estrategia

El monitoreo de la estrategia es un aspecto crucial en la gestión y ejecución de la planificación estratégica de una empresa. Debe ser un proceso continuo y detallado, idealmente revisado de manera mensual. Esta frecuencia mensual es particularmente relevante ya que muchos indicadores estratégicos, o KPIs, requieren una revisión y actualización en este intervalo. Este enfoque constante y regular permite a la empresa mantener un pulso firme sobre su progreso y hacer ajustes oportunos en respuesta a los cambios en el desempeño o en el entorno operativo.

Para facilitar un monitoreo efectivo, es recomendable que la empresa designe a una persona o un equipo específicamente dedicado al seguimiento de la estrategia. Esta persona, a menudo denominada "gerente de estrategia" o "director de planificación estratégica", desempeña un papel crucial en la coordinación y supervisión del proceso de monitoreo. Su responsabilidad incluye recopilar, analizar y presentar datos relacionados con los KPIs, así como facilitar las discusiones sobre el progreso estratégico con los líderes de la empresa.

Los dueños de cada indicador estratégico deben trabajar en colaboración con sus reporteros para proporcionar datos actualizados sobre el avance de los indicadores y las iniciativas. Los reporteros, que son responsables de recopilar y reportar los datos del KPI, juegan un papel vital en asegurar que la información sea precisa y oportuna. Este flujo de información es fundamental para el ciclo de monitoreo mensual.

Durante los ciclos mensuales de monitoreo, se debe revisar el progreso de cada indicador y el avance de las iniciativas estratégicas. Estas reuniones deben ser oportunidades para no solo reportar el progreso, sino también para discutir desafíos, identificar áreas de mejora y tomar decisiones basadas en los datos recopilados. Es crucial que estas sesiones de monitoreo no sean vistas simplemente como ejercicios de reporte, sino como oportunidades estratégicas para reflexionar y reajustar la dirección de la empresa según sea necesario.

El ciclo de revisión de la estrategia se da a través de los siguientes pasos:

Paso 1: Preparación de la Agenda por el Gestor de Estrategia

El ciclo comienza cuando el Gestor de la Estrategia prepara y envía la agenda para la Reunión de Avance de la Estrategia (RAE) con 2-3 semanas de antelación. Esta agenda detallada incluye los indicadores estratégicos a revisar en ese mes, los temas específicos a tratar, el lugar y el tiempo estimado para la reunión. La anticipación en el envío de la agenda permite a los participantes prepararse adecuadamente, asegurando que la reunión sea eficiente y productiva.

Paso 2: Recopilación de Datos

A continuación, se solicita a los líderes o dueños de los indicadores que proporcionen los datos actuales sobre el progreso de los indicadores estratégicos y el estado de las iniciativas. Estos datos se alimentan en una herramienta de gestión estratégica designada o se envían directamente al Gestor de la Estrategia, quien se encarga de consolidar y organizar la información en un formato que facilite su análisis durante la RAE.

Paso 3: Reuniones Individuales Preliminares

Antes de la RAE, el Gestor de la Estrategia puede mantener reuniones individuales con los líderes o dueños de los indicadores para discutir cualquier problema o desafío en el logro de los indicadores. Estas sesiones permiten identificar y comenzar a abordar problemas antes de la reunión principal, garantizando que la RAE se centre en soluciones y ajustes estratégicos.

Paso 4: Ejecución de la RAE

La RAE se lleva a cabo como estaba planificado. Durante esta sesión, se revisan los indicadores estratégicos y las iniciativas, se discute su progreso y se identifican áreas de preocupación o éxito. Es un foro para una evaluación colectiva y colaborativa del avance estratégico.

Paso 5: Documentación de Acuerdos

Tras la RAE, se elabora y distribuye una minuta detallada que incluye todos los acuerdos y decisiones tomadas. La minuta actúa como un registro oficial de la reunión y asegura que todos los participantes estén alineados con los pasos a seguir y las responsabilidades asignadas.

Este ciclo de revisión es vital para mantener el dinamismo y la relevancia de la estrategia de la empresa. Permite que la estrategia sea un documento vivo, que evoluciona y se adapta según las necesidades del negocio y las condiciones del mercado. Además, fomenta una cultura de rendición de cuentas y mejora continua, ya que cada miembro del equipo directivo entiende claramente su papel en el logro de la visión de la empresa.

Reunión de Avance de la Estrategia

Las Reuniones de Avance de la Estrategia (RAE's) son sesiones de trabajo esenciales donde el comité de estrategia se congrega para evaluar el progreso de los objetivos, indicadores e iniciativas que constituyen el núcleo de la estrategia de la empresa. Estas reuniones son fundamentales para asegurar que la implementación de la estrategia se desarrolle según lo planeado y para realizar ajustes tácticos que puedan ser necesarios.

Durante las RAE's, se lleva a cabo una revisión en profundidad de los datos de rendimiento frente a los KPIs estratégicos establecidos, proporcionando una oportunidad para que los responsables de cada indicador presenten los resultados obtenidos hasta la fecha. Esto incluye no solo los éxitos y los avances, sino también los desafíos y obstáculos encontrados. La reunión sirve para consolidar un plan de acción detallado que aborda los problemas identificados y facilita la toma de decisiones para la ejecución efectiva de la estrategia.

Una característica distintiva de las RAE's es su enfoque en la evaluación y el monitoreo, más que en el cuestionamiento de la estrategia en sí. El objetivo no es debatir la validez de la estrategia, sino garantizar su adecuada ejecución. Se da seguimiento a la consecución de los objetivos estratégicos a través de la interpretación de los indicadores, y se prioriza la identificación y sugerencia de soluciones prácticas para los problemas que puedan estar impidiendo el cumplimiento de dichos objetivos.

Las RAE's también son un foro para reconocer y recompensar los logros y para reforzar los comportamientos y acciones que están alineados con la estrategia global. Estas reuniones fomentan una cultura de transparencia y responsabilidad, donde cada miembro del comité de estrategia tiene la oportunidad de compartir sus insights y colaborar en la mejora continua de la ejecución estratégica.

Esta reunión debe ser coordinada y dirigida por el Gestor de la Estrategia, y debe mantenerla ejecutiva. No se deben dicustir temas operativos, y si algun aspecto de relevancia operativa surge, debe anotarlo como acuerdo para disutirlo en un momento posterior a la RAE. Los miembros del comité de estrategia deben apegarse a la agenda.

Existe una curva de aprendizaje para llevar a cabo las RAE's, en las cuales conforme se llevaba a cabo habrán ajustes para que sean ejecutivas y efectiva. Se recomienda usar formatos y documentas estandarizados para su presentación e interpretación por parte de todos los miembros del comité. Tambien se puede hacer uso de herramientas digitales para la documentación y monitoreo.

En general, para que las reuniones de revisión de estrategia sean efectivas, es fundamental adoptar un enfoque metódico y bien estructurado. Una preparación anticipada es clave; asegurarse de que todos los participantes reciban la agenda con suficiente antelación permitirá que se preparen adecuadamente para la discusión. Los datos sobre el progreso de los indicadores y las iniciativas deben ser recopilados y analizados previamente, facilitando un diálogo basado en la evidencia durante la reunión. Las sesiones deben ser dirigidas con un liderazgo claro, preferentemente por el gestor de la estrategia, quien guiará la conversación para mantenerla enfocada en los temas estratégicos. Además, es esencial establecer un ambiente en el que se fomente la comunicación abierta y se invite a todos los participantes a contribuir con sus perspectivas, lo cual enriquece el proceso de revisión y mejora el compromiso con las decisiones tomadas. Por último, el seguimiento de las acciones acordadas es crucial; cada decisión tomada debe tener una persona asignada responsable de su ejecución y un plazo claro, lo que se traducirá en una mayor responsabilidad y una implementación más efectiva de la estrategia.

Calibración de Indicadores Estratégicos

La calibración de indicadores estratégicos es un proceso que implica realizar ajustes específicos en los atributos de los indicadores, con especial atención en las metas establecidas. Este ajuste no es un evento aislado, sino un proceso continuo que se desarrolla a lo largo de la ejecución de la estrategia, especialmente en las fases de seguimiento y medición de progreso. Es importante destacar que, aunque la necesidad de calibración suele surgir en las RAE's, los ajustes concretos a los indicadores no se realizan en estas reuniones. Por el contrario, se debe organizar una reunión específica con el responsable de cada indicador para discutir y ejecutar las modificaciones necesarias. Este enfoque asegura que los indicadores estratégicos se mantengan alineados con los objetivos cambiantes y las condiciones del mercado, permitiendo una gestión más efectiva y adaptativa de la estrategia empresarial.

Un indicador en específico puede sufrir varias modificaciones en el año, sin embargo, es recomendable que sean las menos posible, y que estás sean detectadas en las primeras RAEs. No es lo mismo hacer un ajuste en los primeros meses del año a cuando ya está a punto de acabarse.

Evaluación Anual de la Estrategia

La evaluación anual de la estrategia representa un momento decisivo para las organizaciones; es la oportunidad de reflexionar sobre los resultados totales de la implementación de la estrategia y de los objetivos alcanzados durante el año. Este proceso de análisis proporciona insights valiosos sobre la efectividad de la estrategia y sobre cómo los esfuerzos estratégicos han contribuido al progreso de la empresa.

Durante esta evaluación, se reúnen los datos acumulados de los indicadores estratégicos para obtener una imagen completa del rendimiento en todos los aspectos de la empresa. Se examina el logro de cada objetivo estratégico y se mide su impacto en la organización. Esta revisión integral permite a los líderes de la empresa no solo celebrar los éxitos y los avances significativos, sino también identificar los objetivos que no se cumplieron y entender las razones subyacentes de estos resultados.

La evaluación debe ser rigurosa y objetiva, evitando sesgos y preconcepciones. Debe involucrar una revisión crítica de la estrategia actual y plantear preguntas difíciles sobre su alineación con las metas a largo plazo de la empresa. Además, esta evaluación provee la base para la toma de decisiones informadas sobre posibles ajustes estratégicos y operativos que puedan ser necesarios. Los ajustes pueden abarcar desde cambios menores en los KPIs o en los planes de acción, hasta revisiones significativas de la estrategia en respuesta a cambios en el entorno del mercado o en las capacidades de la empresa.

Esta evaluación anual es también el preludio de las sesiones de actualización de la estrategia. Los resultados y aprendizajes extraídos de la evaluación informarán las decisiones y discusiones en estas sesiones subsiguientes, asegurando que cualquier actualización de la estrategia se base en una comprensión clara y completa del rendimiento anterior.

La reunión de evaluación de la estrategia suele ser una sesión más extensa en comparación con una Reunión de Avance de la Estrategia (RAE) normal, debido a la profundidad y amplitud de los temas a tratar.

No solo se revisa el progreso de los indicadores y el cumplimiento de los objetivos estratégicos, sino que también se dedica un tiempo considerable a extraer aprendizajes clave del período evaluado y a considerar posibles cambios en la estrategia si los resultados así lo indican.

Esta evaluación exhaustiva se centra en entender el contexto más amplio de los logros y desafíos de la empresa, y en cómo estos pueden informar y mejorar la planificación estratégica futura. La naturaleza integral de esta reunión refleja su importancia para el ciclo de vida de la estrategia empresarial y su papel crítico en asegurar que la empresa no solo reaccione a los resultados pasados, sino que también se adapte y evolucione para el éxito futuro.

Herramientas Digitales para el Monitoreo y Seguimiento

En la actualidad, las herramientas digitales para la gestión de la estrategia son componentes esenciales que permiten a las organizaciones planificar, monitorear y ejecutar sus planes estratégicos con eficiencia y precisión. Desde software de gestión de proyectos hasta plataformas especializadas en seguimiento estratégico, la tecnología ofrece una gama de soluciones para adaptarse a las diversas necesidades y metodologías, incluido el Balanced Scorecard.

Las herramientas de gestión de proyectos como Monday, Asana, Atlassian y Microsoft Project ofrecen funcionalidades que facilitan la colaboración, la asignación de tareas y la gestión de tiempos y recursos, lo que es vital para mantener los proyectos estratégicos en curso y dentro del plazo. Por otro lado, plataformas especializadas como Cascade, Spider Strategy y BW Strategy están diseñadas para alinearse estrechamente con las metodologías de planificación estratégica, proporcionando una visión más centrada en el seguimiento y análisis de KPIs y otros indicadores estratégicos.

La elección entre estas herramientas depende de las funcionalidades específicas, la capacidad de visualización de reportes y su nivel de robustez. Para las empresas que buscan implementar una solución tecnológica en su gestión de la estrategia, es crucial que el gestor de la estrategia evalúe detenidamente las siguientes características:

- Alineación con la Metodología de Planificación Estratégica
- Capacidad de Integración con los Sistemas Actuales de la Empresa
- Facilidad de Uso y Experiencia del Usuario
- Funcionalidades de Colaboración
- Seguimiento y Reporte de KPIs
- Visualización de Datos y Generación de Reportes
- Personalización
- Escalabilidad
- Soporte y Mantenimiento
- Costo Total de Propiedad

Si bien no es el objetivo de esta guía realizar comparaciones detalladas de estas herramientas, ya que existen numerosas fuentes en internet que ofrecen análisis exhaustivos, es imperativo que el gestor de la estrategia considere cuidadosamente estas características. La herramienta adecuada puede hacer una diferencia significativa en la capacidad de la empresa para ejecutar su estrategia de manera efectiva y alcanzar sus objetivos a largo plazo.

Cierre del Proceso de Gestión de la Estrategia

El proceso de gestión de la estrategia en una empresa es un ciclo continuo y dinámico que abarca desde la definición de los fundamentos de la estrategia hasta su implementación, monitoreo y evaluación. Cada fase de este proceso juega un papel vital en asegurar que la estrategia no solo se formule, sino que también se ejecute y ajuste efectivamente para cumplir con los objetivos a largo plazo de la empresa.

Definición de los Fundamentales de la Estrategia

Este proceso comienza con la definición de los fundamentos de la estrategia, que incluye el establecimiento del Reto Estratégico, el Horizonte Estratégico Deseado, el Mercado de Competencia, el Modelo para Ganar, las Capacidades Organizacionales y los Sistemas de Gestión. Estos elementos establecen una base sólida y proporcionan una dirección clara para el desarrollo de la estrategia. La claridad y precisión en esta etapa son cruciales para guiar las fases posteriores del proceso de gestión de la estrategia.

Medición a través de Objetivos e Indicadores en un Mapa Estratégico

La siguiente fase involucra la traducción de estos fundamentos en objetivos e indicadores específicos, que se plasman en un mapa estratégico. Este mapa proporciona una visualización clara de cómo cada objetivo e indicador se alinea con la visión general de la empresa, permitiendo una comprensión compartida y un enfoque en la ejecución.

Implementación de la Estrategia con Iniciativas, Proyectos y Planes de Acción

La implementación es donde la estrategia se pone en acción. Las iniciativas estratégicas se desglosan en proyectos estratégicos y estos, a su vez, en planes de acción detallados. Esta descomposición asegura que cada aspecto de la estrategia sea manejable, asignable y medible. El éxito en esta fase depende de la claridad en la asignación de responsabilidades y recursos, así como en la definición de plazos y metas específicas.

Monitoreo y Evaluación de la Estrategia

Finalmente, el proceso entra en la fase de monitoreo y evaluación. Esta etapa implica un seguimiento constante del progreso hacia los objetivos estratégicos y una evaluación anual del rendimiento general de la estrategia. El monitoreo continuo permite ajustes tácticos y operativos, mientras que la evaluación anual ofrece la oportunidad de realizar cambios estratégicos más significativos si es necesario. Esta fase garantiza que la estrategia permanezca relevante y efectiva en el tiempo.

En resumen, el proceso de gestión de la estrategia es un ciclo integral y coherente que requiere compromiso, claridad y adaptabilidad. Desde la definición de los fundamentos hasta la evaluación y ajuste, cada fase contribuye a la construcción de una estrategia empresarial sólida y sostenible. Este proceso no solo garantiza que la estrategia sea implementada, sino que también asegura que evolucione y se adapte a los cambios en el entorno empresarial y en las capacidades de la empresa. Con un enfoque sistemático y reflexivo en la gestión de la estrategia, las empresas pueden navegar con éxito en el complejo mundo de los negocios y alcanzar sus metas a largo plazo.

Parte Siete:
Temas Relevantes en la
Gestión de la Estrategia

Socialización de la Estrategia

La socialización de la estrategia dentro de una empresa es un proceso crucial para garantizar que todos los miembros de la organización comprendan y estén comprometidos con los objetivos estratégicos. Este proceso no solo involucra la comunicación de la estrategia, sino también su integración en la cultura corporativa y en las operaciones diarias. La adopción efectiva de la estrategia requiere la implementación de prácticas de gestión del cambio, asegurando que la estrategia se convierta en una parte integral del funcionamiento de la empresa.

Buenas Prácticas para la Socialización de la Estrategia

- Comunicación Clara y Continua: La estrategia debe ser comunicada de manera clara y comprensible a todos los niveles de la organización. Esto incluye la presentación de los objetivos estratégicos, los planes de acción y los roles y responsabilidades de cada empleado en la ejecución de la estrategia.
- Involucramiento Activo del Liderazgo: Los líderes de la empresa, comenzando por el Director General y los ejecutivos, deben demostrar su compromiso con la estrategia y liderar con el ejemplo. Su apoyo activo y visible es esencial para fomentar una cultura estratégica.
- Capacitación y Desarrollo: Ofrecer programas de capacitación y desarrollo que ayuden a los empleados a entender la estrategia y cómo su trabajo contribuye a los objetivos estratégicos.
- Creación de Espacios de Diálogo: Establecer foros donde los empleados puedan discutir la estrategia, expresar sus opiniones y hacer preguntas. Esto puede incluir reuniones departamentales, sesiones de preguntas y respuestas con la alta dirección y grupos de trabajo.
- Reconocimiento y Recompensas: Implementar sistemas de reconocimiento y recompensas que estén alineados con la estrategia, incentivando a los empleados a contribuir activamente al logro de los objetivos estratégicos.

- Historias de Éxito: Compartir historias de éxito y casos de estudio internos que muestren cómo la implementación de la estrategia está generando resultados positivos.
- Integración en los Procesos y Sistemas: Asegurarse de que la estrategia esté integrada en los procesos y sistemas cotidianos, desde la planificación y presupuestación hasta la evaluación del desempeño.

Gestión de la Estrategia y Cultura Corporativa

Para que la estrategia sea efectiva, debe estar arraigada en la cultura corporativa. Esto significa que la forma en que los empleados piensan, trabajan y toman decisiones debe estar alineada con la visión estratégica de la empresa. La estrategia debe ser más que un documento o un plan; debe ser un modo de vida dentro de la organización.

La gestión efectiva de la estrategia implica fomentar una cultura donde la estrategia sea una consideración constante en todas las actividades. Esto requiere que los empleados no solo entiendan la estrategia, sino que también vean su relevancia y se sientan motivados para actuar en consonancia con ella.

Necesidad de Mecanismos de Change Management

Dado que la implementación de una nueva estrategia a menudo implica cambios significativos en la forma en que se hacen las cosas, la gestión del cambio es un aspecto crítico en la socialización de la estrategia. Los mecanismos de gestión del cambio ayudan a facilitar la transición de los empleados hacia nuevos procesos, comportamientos y formas de pensar. Esto incluye la gestión de resistencias, la clarificación de dudas y la creación de un sentido de urgencia y necesidad para el cambio.

Los mecanismos de gestión del cambio deben ser considerados y aplicados cuidadosamente para asegurar que los cambios sean aceptados y mantenidos a largo plazo.

Esto puede incluir estrategias como la comunicación efectiva, la participación de los empleados en el proceso de cambio, el apoyo continuo y la revisión regular de los avances.

La socialización de la estrategia es un proceso integral que requiere comunicación, liderazgo, capacitación, reconocimiento y una sólida gestión del cambio. Al hacer de la estrategia una parte fundamental de la cultura corporativa, las empresas pueden aumentar significativamente las probabilidades de éxito.

Evaluación de Desempeño

La evaluación de desempeño es un proceso esencial en la gestión de recursos humanos, y su efectividad se incrementa significativamente cuando se alinea con la estrategia global de la empresa. Este proceso implica la evaluación sistemática del rendimiento de los empleados, no solo en términos de objetivos de negocio específicos, sino también en relación con las competencias institucionales y las habilidades requeridas para cada puesto.

Al definir los objetivos de negocio en el contexto de la evaluación de desempeño, es crucial que estos estén directamente relacionados con los objetivos estratégicos de la empresa. Esto significa que cada empleado debe tener objetivos claros que no solo reflejen sus responsabilidades individuales, sino que también contribuyan al logro de los objetivos más amplios de la organización. Establecer objetivos de desempeño que se alineen con la estrategia de la empresa asegura que los esfuerzos de todos los empleados estén dirigidos hacia la consecución de metas comunes.

Además de los objetivos de negocio, la evaluación de desempeño también debe considerar las competencias institucionales, es decir, las habilidades y comportamientos que son valorados y requeridos por la organización en su conjunto. Estas competencias pueden incluir liderazgo, trabajo en equipo, innovación, orientación al cliente, entre otras. Al evaluar a los empleados en función de estas competencias, la empresa puede fomentar una cultura que refleje sus valores y objetivos estratégicos.

Para los puestos específicos, la evaluación debe adaptarse para reflejar las habilidades y responsabilidades únicas de cada rol. Esto significa identificar las competencias clave necesarias para cada puesto y evaluar cómo cada empleado cumple con estos criterios.

Por ejemplo, un gerente de proyecto podría ser evaluado en función de su capacidad para gestionar equipos y cumplir con los plazos, mientras que un representante de ventas podría ser evaluado en función de su capacidad para generar nuevos negocios y mantener relaciones con los clientes.

Una evaluación de desempeño efectiva es un proceso continuo que no solo se enfoca en la revisión anual, sino también en el seguimiento y la retroalimentación regular. Esto permite a los empleados entender cómo su trabajo contribuye a los objetivos más amplios de la empresa y les proporciona la oportunidad de mejorar continuamente sus habilidades y su rendimiento.

La evaluación de desempeño es un componente integral de la gestión estratégica de una empresa. Al alinear los objetivos de desempeño y las competencias con la estrategia global de la empresa, se asegura que los esfuerzos de todos los empleados estén contribuyendo al éxito y crecimiento general de la organización.

Un ejemplo aplicado al director de finanzas de una empresa X, podria ser:

- Objetivo Estratégico de la Empresa: "Aumentar la rentabilidad global de la empresa en un 20% para el final del año fiscal."
- Objetivo de Negocio Particular para el Director de Finanzas: "Optimizar la estructura de costos operativos reduciéndolos en un 15% a través de la identificación y la implementación de medidas de eficiencia financiera."

Competencias para el Puesto de Finanzas:

- Análisis Financiero Riguroso: La capacidad de examinar datos financieros de manera detallada y precisa para identificar tendencias, riesgos y oportunidades, y formular recomendaciones basadas en estos análisis.
- Gestión Efectiva del Riesgo: La habilidad para identificar, evaluar y mitigar riesgos financieros, asegurando que la empresa mantenga un perfil de riesgo saludable y alineado con sus objetivos estratégicos.
- Planificación y Pronóstico Financiero: Competencia en la creación de modelos financieros predictivos y planes presupuestarios que apoyen las decisiones estratégicas y contribuyan al crecimiento y estabilidad financiera a largo plazo de la empresa.

En relación a las competencias, un sistema de evaluación de desempeño por competencias 360 debe integrar comportamientos y conductas para poder definir el sistema completo.

Liderazgo en la Ejecución de la Estrategia

El liderazgo juega un papel crucial en la ejecución exitosa de la estrategia de una empresa. Desde el Director General hasta el Gestor de la Estrategia y los dueños de los indicadores, cada líder desempeña un rol único y vital en guiar a la organización hacia sus objetivos estratégicos.

El Director General: Como la figura más alta en la jerarquía de la empresa, el Director General es el principal defensor y líder de la estrategia. Su papel es vital para establecer la visión y dirección estratégica de la organización. El Director General debe asegurarse de que la estrategia esté integrada en todas las operaciones de la empresa y de que se comuniquen claramente los objetivos y expectativas a todos los niveles de la organización. Deben liderar con el ejemplo, mostrando un compromiso inquebrantable con la estrategia y fomentando una cultura que valore la innovación, la adaptabilidad y el logro de objetivos.

El Gestor de la Estrategia: El Gestor de la Estrategia actúa como el coordinador y facilitador de los esfuerzos estratégicos. Este rol implica asegurar que la planificación y ejecución de la estrategia se realicen de manera efectiva y eficiente. El Gestor de la Estrategia es responsable de supervisar el progreso hacia los objetivos estratégicos, organizar las Reuniones de Avance de la Estrategia (RAE) y asegurarse de que se implementen los ajustes necesarios en respuesta a los desafíos y oportunidades que surjan. Su habilidad para coordinar, comunicar y motivar es esencial para mantener a los equipos enfocados y alineados con la estrategia.

Los Dueños de los Indicadores: Los dueños de los indicadores tienen la responsabilidad de gestionar y supervisar los KPIs específicos asociados con la estrategia. Son responsables de conducir las iniciativas y proyectos que impactan directamente en estos indicadores y de asegurar que se logren los objetivos asignados. Estos líderes deben tener una comprensión profunda de cómo sus áreas de responsabilidad contribuyen a la estrategia general de la empresa y deben ser capaces de movilizar recursos y equipos para alcanzar resultados efectivos.

Líderes Clave Dentro de la Empresa: Además de estos roles específicos, otros líderes clave en la empresa, como gerentes de departamento y líderes de equipo, también desempeñan un papel importante en la ejecución de la estrategia. Son los responsables de traducir la estrategia en acciones y resultados específicos dentro de sus áreas de influencia. La capacidad de estos líderes para inspirar, guiar y apoyar a sus equipos es fundamental para la implementación efectiva de la estrategia en todos los niveles de la organización.

La ejecución de la estrategia requiere un liderazgo sólido, coherente y comprometido en todos los niveles de la empresa. El éxito de la estrategia depende de la habilidad de estos líderes para comunicar la visión, coordinar esfuerzos, adaptarse a los cambios y mantener a todos enfocados en los objetivos comunes. El liderazgo efectivo en la ejecución de la estrategia no solo impulsa el logro de metas a corto plazo, sino que también asegura el crecimiento y la sostenibilidad a largo plazo de la organización.

Riesgos en el Diseño y Ejecución de la Estrategia

El diseño y ejecución de una estrategia empresarial, aunque esenciales para el éxito a largo plazo, no están exentos de riesgos. Estos riesgos pueden variar desde cambios imprevistos en el mercado, resistencia interna al cambio, hasta fallos en la comunicación y la alineación estratégica. Un riesgo común es la falta de flexibilidad, donde la estrategia no se adapta a un entorno empresarial en constante cambio, lo que puede resultar en oportunidades perdidas o en la incapacidad de responder a amenazas emergentes.

Otro riesgo importante es la resistencia al cambio por parte de los empleados, que puede ser mitigada a través de una gestión del cambio efectiva, comunicación clara y participación activa del personal en el proceso de desarrollo estratégico. Además, la mala interpretación o la comunicación ineficiente de la estrategia pueden llevar a una ejecución errónea o a una falta de compromiso. Para mitigar estos riesgos, es crucial establecer mecanismos de retroalimentación y revisión continua, permitiendo ajustes oportunos en la estrategia. Asimismo, es esencial realizar simulaciones y análisis de escenarios para preparar planes de contingencia, asegurando que la empresa esté equipada para manejar imprevistos y desafíos inesperados. Estas actividades de contingencia ayudan a fortalecer la estrategia y aseguran su relevancia y eficacia a lo largo del tiempo.

Acerca del Autor

Ulises Elías, estratega e innovador que ha influido en el sector empresarial en distintas partes de México. Con una nutrida trayectoria asesorando y mentoreando a más de 1000 organizaciones, tanto tecnológicas como no tecnológicas, Ulises se destaca en el diseño de estrategias de negocios, iniciativas de innovación y emprendimiento. Su experiencia incluye liderar dos aceleradoras de startups, donde apoyó a 25 startups, creando más de 100 empleos y promoviendo inversiones significativas. Posee una Maestría en Gestión de la Innovación por la Aarhus University en Dinamarca y una formación reciente en Inteligencia Artificial aplicada a los negocios, lo que refleja su compromiso constante con la educación y la mejora profesional. Su trabajo en BWolven junto con su liderazgo en Orion Startups y MindHub, demuestra su habilidad para influir y evangelizar a emprendedores, empresarios y ejecutivos de empresas sobre la importancia de la ejecución de estrategias empresariales, haciendo que las organizaciones sean más profesionales y competitivas. Su educación y cursos especializados en Inteligencia Artificial complementan su perfil como un visionario en la integración de nuevas tecnologías en el ámbito empresarial.